U0499650

中国高速铁路与区域经济协调发展研究

刘 芳 著

中国财经出版传媒集团

经济科学出版社
Economic Science Press

·北京·

图书在版编目（CIP）数据

中国高速铁路与区域经济协调发展研究／刘芳著．
北京：经济科学出版社，2024.7. -- ISBN 978 - 7 -5218 -
6116 - 7

Ⅰ．F127

中国国家版本馆 CIP 数据核字第 2024CG4817 号

责任编辑：李晓杰
责任校对：李 建
责任印制：张佳裕

中国高速铁路与区域经济协调发展研究
刘 芳 著
经济科学出版社出版、发行 新华书店经销
社址：北京市海淀区阜成路甲 28 号 邮编：100142
教材分社电话：010 - 88191645 发行部电话：010 - 88191522
网址：www. esp. com. cn
电子邮箱：lxj8623160@ 163. com
天猫网店：经济科学出版社旗舰店
网址：http：//jjkxcbs. tmall. com
北京季蜂印刷有限公司印装
710×1000 16 开 11.5 印张 160000 字
2024 年 7 月第 1 版 2024 年 7 月第 1 次印刷
ISBN 978 - 7 - 5218 - 6116 - 7 定价：49.00 元
（图书出现印装问题，本社负责调换。电话：010 - 88191545）
（版权所有 侵权必究 打击盗版 举报热线：010 - 88191661
QQ：2242791300 营销中心电话：010 - 88191537
电子邮箱：dbts@ esp. com. cn）

前　言

　　交通基础设施是经济落后国家赶超发达国家的重要条件。新中国成立后，我国交通基础设施发展迅速，近年来，高速铁路建设取得了举世瞩目的成就。截至 2023 年底，中国铁路营业里程达 15.9 万千米，其中高速铁路营业里程达 4.5 万千米，① 营运里程居世界第一。高速铁路修建需耗费大量的人力、物力、财力，建设初期也经历了长期争论。那么，规模庞大的高速铁路网究竟能够为区域经济带来怎样的影响？能否提高资源配置效率、推动相关产业发展，并进一步促进区域经济均衡发展？

　　本书从高速铁路本质属性出发，探究高速铁路所产生的经济效应。高速铁路既有一般商品属性又有准公共产品属性。作为一般商品，高速铁路参与运输服务市场竞争，通过竞争获得一定的市场份额，取得经济收益；作为准公共产品，高速铁路的修建可以带来"乘数效应"，带动前向关联和后向关联产业的发展，使产出增加。更为重要的是，高速铁路的建设使区域"可达性"提高，促进高速铁路沿线地区经济发展，带来"走廊效应"。此外，高速铁路加快了劳动力流动速度，降低了劳动力流动的时间机会成本，有利于跨区域劳动力市场的形成，促进劳动力资源的有效配置；特别是对于高学历劳动力流动的影响，增进了知识

---

① 　国家铁路局，https：//www.nra.gov.cn/xwzx/zlzx/hytj/202406/P020240628556175674080.pdf。

溢出，提高了企业生产效率和经济效益，并促进以高学历劳动力为主要投入要素的知识密集型产业的发展。高速铁路修建还带来"再定位效应"，使得在铁路沿线地区设立的企业增加、规模扩大，相关产业得到发展，进一步吸引更多的家庭在铁路沿线定居，促进了城市经济和区域经济的协调发展。随着"八纵八横"高速铁路网的建成，高速铁路必然会对我国经济发展产生更加深远的影响。

目前，我国大多数高铁线路处于亏损状态，很难实现收支平衡。但高速铁路属于准公共产品，不能单纯以铁路部门经济收益来衡量高速铁路建设价值，而应从交通基础设施建设的社会效益出发，研究其所具有的外部经济性。希望通过本书的研究，厘清高速铁路对经济发展产生影响的根本原因，能够较为全面地分析高速铁路对区域经济的影响，特别是对我国区域经济均衡发展带来的积极影响。

由于理论水平和对现实问题认识有限，书中仍存在很多不足，在此，愿与各位经济学同仁探讨，在今后的研究工作中不断改进。

刘 芳

2024 年 7 月

目 录
contents

第一章　导论 ·· 1

　　第一节　研究背景、对象及意义 ··············· 1

　　第二节　本书的研究思路、方法及结构 ········· 7

　　第三节　本书的创新与不足 ·················· 11

第二章　交通运输经济效应理论渊源及高速铁路经济效应述评 ······ 15

　　第一节　交通运输经济效应理论渊源 ·········· 16

　　第二节　高速铁路建设的经济效应研究综述 ···· 31

第三章　高速铁路经济效应产生的理论基础 ······· 43

　　第一节　中心—外围理论 ···················· 43

　　第二节　其他重要经济理论 ·················· 53

第四章　铁路与高速铁路发展历程 ··············· 60

　　第一节　铁路运输速度的演变及高速铁路概念界定 ······· 60

　　第二节　高速铁路在国外的出现和发展 ········ 64

第三节　中国铁路及高速铁路发展历程 ……………… 72

第五章　高速铁路建设的竞争效应
　　　　——高速铁路大发展背景下的铁路与民航竞合关系
　　　　实证研究 ……………… 84

第一节　文献回顾 ……………… 85
第二节　基本模型、数据来源及回归方法 ……………… 88
第三节　铁路建设对航空客运影响实证分析 ……………… 91
第四节　本章小结 ……………… 99

第六章　高速铁路对我国劳动力流动影响实证研究 ……………… 102
第一节　文献综述 ……………… 103
第二节　高速铁路修建对区域不同文化程度劳动力数量的
　　　　影响 ……………… 104
第三节　高速铁路修建对区域劳动力结构的影响 ……………… 117
第四节　本章小结 ……………… 129

第七章　高速铁路修建对知识密集型产业影响实证研究 ……………… 132
第一节　概念界定及文献综述 ……………… 132
第二节　高速铁路修建对知识密集型制造业影响实证研究 …… 135
第三节　高速铁路修建对知识密集型服务业发展的影响 ……… 144
第四节　本章小结 ……………… 155

第八章　本书主要结论及政策建议 ……………… 157
第一节　本书主要结论 ……………… 157
第二节　本书的启示及政策建议 ……………… 158

参考文献 ……………… 162

第一章

导　论

第一节　研究背景、对象及意义

一、研究背景

党的二十大报告指出，当前需要继续着力解决不平衡不充分的发展问题，着力在补短板、强弱项、固底板、扬优势上下功夫，推动经济社会持续健康发展。经济一体化能够产生规模经济效应，促进经济增长和区域经济协调发展（刘生龙等，2011）。改革开放以来，我国逐步推进社会主义市场经济进程，不断扩大对外开放。经过四十多年的变革，我国经济在不断发展的同时，东部与西部差距仍然存在（杨锦英等，2012；赵祥等，2022）；同时，产业结构不合理、创新不足制约着我国参与国际竞争的能力。主要原因在于，中西部地区由于经济基础、地理环境等不利因素，导致其长期处于相对封闭的状态，市场化程度较低，经济发展落后；由此带来资本、劳动力等资源错配，又进一步影响地区经济结构和产业结构优化及经济全局。

发展经济学认为建立起能带动整个国民经济发展的主导部门体系是经济发展的必要条件，交通基础设施是其中重要的组成部分。交通基础设施建设可以打破区域市场自然封闭状态，促进统一市场的形成（Haruhiko Kuroda et al.，2007；陈太明等，2023），为优化资源配置提供条件，产生经济增长效应和结构效应（王雨飞等，2016）。

我国一直非常重视交通基础设施建设，自新中国成立以来，特别是改革开放以来，我国公路里程、铁路里程还有机场数量都在快速增加，其中，铁路营运里程从新中国成立之初的 2 万余千米发展到 2023 年底的 15.9 万千米①，增加了约 7 倍。2004 年，《中长期铁路网规划》发布之后，我国开始大规模地高铁建设。2016 年 7 月 20 日，国家发展改革委印发新版《中长期铁路网规划》，规划目标是"到 2020 年，一批重大标志性项目建成投产，铁路网规模达到 15 万千米，其中高速铁路 3 万千米，覆盖 80% 以上的大城市；连接主要城市群，基本连接省会城市和其他 50 万人口以上大中城市，形成以特大城市为中心覆盖全国、以省会城市为支点覆盖周边的高速铁路网；实现相邻大中城市间 1 小时至 4 小时交通圈，城市群内 0.5 小时至 2 小时交通圈。到 2025 年，铁路网规模达到 17.5 万千米左右，其中高速铁路 3.8 万千米左右，网络覆盖进一步扩大，路网结构更加优化，骨干作用更加显著，更好发挥铁路对经济社会发展的保障作用。"截至 2023 年底，我国已经修建了 4.5 万千米的高速线路，营运里程居世界第一，"八纵八横"高速铁路网已经初具规模。

虽然高速铁路投资巨大，有些线路短期难以收回成本，但对我国经济和社会发展有着重要的战略意义。高速铁路除了具备以往交通运输方

①《中国国家铁路集团有限公司 2023 年统计公报》，http://www.china-railway.com.cn。

式的优势以外，这一快捷便利的运输方式可以降低要素流动成本，加快要素流动速度，增进知识溢出，对产业、城市和区域经济发展有巨大的促进作用。在发展高速铁路的同时，中国的高速铁路技术也实现了飞跃式发展，成为我国高端装备制造业的代表，与世界其他高铁制造业大国展开竞争，逐渐由高铁技术的输入国变为高铁技术的输出国。

二、研究对象、主要内容及意义

（一）本书的研究对象及主要内容

1. 本书的研究对象

本书以高速铁路为对象，研究高速铁路建设对我国经济和社会带来的影响，特别是高速铁路建设对我国不同区域经济的影响与启示。从高速铁路的属性来看，高速铁路涉及国民经济的方方面面。高速铁路本身是一种新型的交通运输方式，是高科技技术在交通运输工具方面的最新应用；高速铁路建设涉及交通基础设施的规划、设计、投融资、施工、管理等方面；高速铁路的运营又涉及交通基础设施运行中的运营管理和服务。因此，高速铁路从技术开发、建设施工到运营管理的整个过程涉及众多的学科，从自然科学到人文社会科学无所不包。就本书研究的重点来看，高速铁路建设产生的经济效应属于交通运输经济学的研究范畴，目前，新经济地理学对该问题研究的成果更加丰富。其他相关学科也关注交通运输问题，如经济学下的二级学科国民经济学、城市经济学、发展经济学、产业经济学等，但各个学科各有侧重。本书在理论上，更多地借鉴了新经济地理的相关研究成果及理论，并将其应用到中国高速铁路的研究中。图 1-1 梳理了高速铁路研究与经济学相关学科的关系。

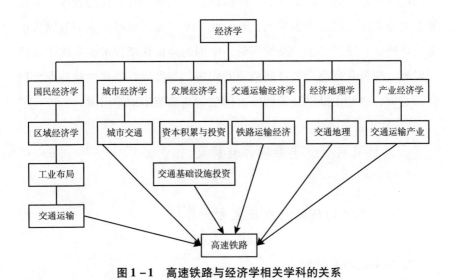

图 1-1　高速铁路与经济学相关学科的关系

2. 本书的主要内容

从以往交通基础设施建设的研究成果来看，交通基础设施对国民经济发展具有十分重要的意义。交通基础设施投资本身可以拉动相关产业部门的需求，产生乘数效应，此外，交通基础设施具有强烈的外部经济性。交通基础设施可以打破区域相对封闭的状态，改善地区交通环境，便利客货运输，节约社会成本，降低交易费用，促进劳动力及各种生产要素流动，有利于优化资源配置，提高生产效率。

本书从高速铁路的发展历程、技术特点和本质属性出发，研究高速铁路对我国及不同区域产生的经济效应，既注重理论分析，又研究实际情形。理论上主要借鉴新经济地理的"中心—外围"理论，并分析高速铁路建设的外部经济性。当然，高速铁路作为交通运输服务，也具备一般商品的属性，因此高速铁路建设还会带来运输业间的竞争效应。通过对高速铁路建设经济效应的理论分析，本书重点进行了三部分的实证研究，分别就高速铁路与航空业的竞争、高速铁路对劳动力流动的影响以及高速铁路对知识密集型产业的影响展开研究。研究发现,高速铁路确实对我国航空客运产生了不利影响,但是不同区域影响不同:对东部地区影响不够显著,中部地区是互补关系,西部地区是替代关系。高速铁路修建对劳动力流动的影响也非常显著,对不同区域影响也不尽相同,但是值得注意的是,高速铁路修建对西部地区高学历高素质人才的流入起到了积极作用,不论从劳动力的绝对数量还是比重上来看,作用均明显。从产业发展来看,高速铁路对我国知识密集型产业的发展也带来了正向效应,特别是小型知识密集型制造业规模的扩大起到了积极作用;对知识密集型服务业的影响也很显著,不论是从固定资产投资还是从业人数上,均有显著的带动作用。笔者提出要重视西部地区交通基础设施建设,高速铁路建设不能忽视西部地区,中西部地区要抓住机遇大力发展知识密集型产业,加大对教育的投入和人才的引进,并大力发展第三产业,特别是第三产业中的生产性服务业作为发展知识密集型产业的有力支撑,为缩小东西部的差距将起到积极作用。

(二) 本书研究的理论意义和实际意义

从理论上看,高速铁路本质上既具备一般商品的属性,又是准公共物品。因此,其带来的经济效应也是由这两方面的属性决定的。一方面,作为一般商品,高速铁路可以提供交通运输服务,从而带来一定的收益;而作为一种新型的客运服务,高速铁路又对航空客运产生冲击,并与航空客运展开竞争,从而带来"竞争效应"。另一方面,高速铁路属于公共投资的一种,是准公共物品。高速铁路投资可以发挥"乘数效应",带来产出的增加;同时由于公共物品的外部经济性,又引起"再定位效应",改变区域经济发展的空间格局,从而带来新的发展机遇。

新经济地理的中心—外围理论认为,两个人口规模相当的地区,在人口流动出现后，随着运输成本的下降，会导致区域不平衡状况的出现，一个成为工业化中心，一个成为农业外围（Krugman，1991；胡曙光，2009）。同时，克鲁格曼（Krugman，1991）也认为，当企业大量迁入导致竞争加剧，人口聚集导致工资上升，而运输成本继续下降时，就会出现相反的作用，经济趋向分散化。但是，在经济格局的形成中，并不会自动向最优空间经济格局演变，而是会受历史和偶然因素的影响，经济格局一旦形成，就会有"锁定效应"。要打破这种中心—外围的经济格局，摆脱"锁定效应"的束缚，就需要外在力量发挥作用。而高速铁路就是这一外在力量，通过对产业发展、产业结构、人口流动、人才结构的影响，最终影响区域经济结构，带来经济增长方式的转变。本书验证了现有理论对交通运输基础设施投资重要作用的论断，并进一步验证了中心—外围理论所阐述的经济集聚与分散效应的相互作用，特别是分散作用的发挥有利于我国中西部地区的经济发展，进一步缩小与东部地区的差距。

从我国高速铁路的发展历程来看，中国高速铁路从提出设想到规划建设，经历了漫长而曲折的过程。2014 年，京沪铁路在运营 3 年之后实现盈利，说明高速铁路完全可以在保证安全运行的前提下，经过良好的成本控制实现盈利。高速铁路已成为人们出行的重要交通方式，客流量不断攀升的同时造成很多热门航班客流量的急剧下降，需要航空客运及时调整服务结构。现如今，高速铁路逐渐成为各个地区吸引投资、发展经济的一大优势，说明高速铁路确实较大影响着中国人的日常生活。本书通过实证研究也发现，高速铁路对我国劳动力流动、知识密集型产业发展有着积极影响，特别有利于西部地区的经济发展和结构调整。随着我国高速铁路建设的进一步推进，高速铁路必将会对生产生活和地区发展带来更加深远的影响。

第二节 本书的研究思路、方法及结构

一、研究思路

本书总共分为八章。

第一章导论，重点介绍了本书的研究背景、研究对象及研究意义，并简要地介绍了研究方法和研究思路，以及本书的创新与不足。

第二章交通运输经济效应理论渊源及高速铁路经济效应述评，重点对交通运输经济理论进行梳理，并对高速铁路相关研究进行述评。总体来看，高速铁路建设会导致"向心力"和"离心力"两种力量的互相作用，从而带来集聚效应和扩散效应。

第三章高速铁路经济效应产生的理论基础，梳理了相关的理论基础，主要论述了新经济地理的中心—外围理论，还论述了其他经济理论，如外部经济、竞合理论、总部经济、产业结构优化升级、产业发展等理论。

第四章铁路与高速铁路发展历程，回顾了世界及我国铁路及高速铁路的发展历程。首先通过速度对高速铁路的概念进行界定，其次叙述了高速铁路在国外的出现和发展，最后回顾和展望了我国铁路与高速铁路的发展历程。

第五章高速铁路建设的竞争效应，对现阶段的铁路与航空客运之间的竞争进行实证研究。通过建立回归模型，对我国全国范围和分区域（东、中、西部）实证分析高速铁路对航空客运的影响，并分析了外部经济性。

第六章高速铁路对我国劳动力流动影响实证研究，分析了高速铁路

建设对我国及东、中、西部不同区域劳动力流动的影响。高速铁路的营运对我国不同文化程度劳动力流动的影响不同，从初中及以下文化程度、高中文化程度、大学专科文化程度、大学本科文化程度、研究生文化程度五个维度分析高速铁路的营运对不同区域不同文化程度劳动力流动的影响。

第七章高速铁路修建对知识密集型产业影响实证研究，把知识密集型产业分为制造业和服务业两类，从全国范围和东、中、西部分区域，分别实证研究了高速铁路修建与知识密集型制造业和知识密集型服务业的影响。

第八章本书主要结论及政策建议，对全书的实证分析进行归纳总结，有针对性地提出我国高铁建设、区域发展、产业发展的相关政策建议。

二、研究方法

（一）理论联系实际

本书在分析高速铁路经济效应时，不但分析相关的经济理论，还将经济理论与中国的实践相结合。现有的理论大多是国外研究成果，而我国与其他国家的国情不甚相同，我国高速铁路的建设呈现出很多与其他国家不同的特点，因此，要结合我国的实际情况对高速铁路的经济效应展开分析。特别是高速铁路对经济扩散效应的发挥，有着我国独特的经济背景。

（二）规范分析和实证分析相结合

本书在理论分析的基础上，对高速铁路与航空客运、高速铁路与劳动力流动以及高速铁路与产业发展之间的关系进行了实证研究，并针对实证研究的结果对我国高速铁路建设、产业发展和经济发展提出相关政策建议，将规范分析与实证分析充分结合。其中实证研究主要运用了固定效应和随机效应模型。

（三）静态分析与动态分析相结合

本书分析过程中主要使用的是面板数据，面板数据的特点就是既包括截面数据又包括时间序列数据。截面数据具有静态特征，是某一时间点上所有个体的状况，而时间序列数据具有动态特征，体现了个体随时间发生的变动。面板数据将静态特征和动态特征相结合，能够更加清楚地展现个体的发展及其之间的关系，在回归分析中，能够更加准确地衡量高速铁路建设对我国经济的影响，特别是对劳动力流动和知识密集型产业的影响。

（四）比较分析的方法

为了突出高速铁路对不同区域的影响，本书将中国东、中、西部地区 31 个省级行政区划单位进行划分，分别研究高速铁路对东、中、西部的不同影响。我国东、中、西部经济发展不够均衡，经济活动所产生的经济效应也不尽相同。通过比较分析高速铁路对不同区域的不同影响，研究高速铁路对我国不同区域经济发展带来的差异，特别是逐渐改变了高素质人才的流动方向。

三、本书的结构

本书的内容结构如图 1-2 所示。

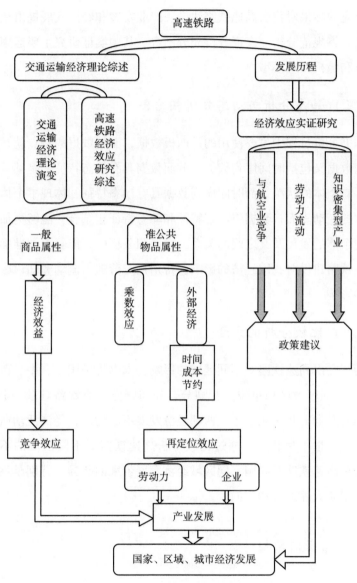

图 1 - 2   本书的内容结构

第三节　本书的创新与不足

一、本书的创新

（一）梳理了交通运输经济理论在经济学发展史上的演变过程

交通运输业在西方资本主义经济发展史上起到了重要作用，高速铁路作为后来出现的一种交通运输方式具有所有交通工具的共性，交通运输经济理论中所体现的交通运输业对经济发展的重要作用同样适用于高速铁路。亚当·斯密作为西方经济学的创立者，从一开始就肯定了交通运输业的重要性。运输业的出现是分工的结果，运输费用的高低会影响商品市场的大小。但是西方经济学在发展到新古典经济学派后，就开始忽视运输问题，对运输问题的研究逐渐弱化。直到新经济地理学出现，经济学家开始将运输成本纳入主流经济学的模型之中，对交通运输理论的发展做出了十分有益的尝试，新经济地理也作为一个新的学派逐渐发展起来。本书还特别回顾了马克思主义政治经济学对运输理论的研究。在以往的研究中，缺乏对这一理论的系统分析，本书在文献综述中进行了更加详尽地阐述，并且对这一问题的梳理也是十分必要的。

（二）从高速铁路的本质属性研究高速铁路带来的经济效应

对高速铁路经济效应的研究成果很多，但是没有对高速铁路经济效应产生的原因进行更加深入的理论分析。有的学者在分析高速铁路经济效应时，笼统地将高速铁路经济效应分为直接效应和间接效应，其实这种说法不够严谨，"直接"和"间接"本来就是很不明确的两个概念。本书从高速铁路的基本属性出发来研究高速铁路的经济效应，从一般商品属性来看，高速铁路建设可以带来经济收益，并且作为商品也会参与市场竞争以获取市场份额；作为公共产品，高速铁路的收益很难弥补建设和运营成本，其投资价值主要体现在外部经济性上，因此，高速铁路建设通过对相关经济体经济活动成本降低的影响来发挥作用，从而带动相关产业、城市经济及区域经济的发展。本书从高速铁路的这两大属性出发，归纳了高速铁路的主要经济效应：投资收益、竞争效应、乘数效应及其他外部经济效应。

（三）采用实证方法研究了高速铁路建设的再定位效应

本书研究发现，高速铁路建设导致的企业设立过程中区位选择的变化，从而对劳动力流动产生影响，特别是对不同教育背景劳动力流动的影响因经济发展阶段的差异而有所不同，对经济相对落后的西部地区，产生了积极影响。此外，还研究了高速铁路建设与相关产业发展的互动作用，发现以高学历劳动力为主要投入要素的知识密集型产业也得到进一步发展，不论是知识密集型制造业还是知识密集型服务业。由于我国对知识密集型产业没有非常全面的统计数据，目前这方面研究相对较少。

（四）对高速铁路建设过程中铁路与航空客运的关系进行实证研究

本书对铁路与航空客运之间的关系进行了实证研究。通过相关实证研究发现，高速铁路的修建对我国航空客运产生了一定的影响，但是对不同区域的影响不尽相同。高速铁路对经济发达的东部地区的航空客运影响并不是特别明显；但对西部地区航空客运冲击非常大，产生了替代效应；对中部地区的航空客运产生了互补效应，说明高速铁路修建的区域经济效应是存在差异的，目前对这方面的实证研究还不是特别充分，大多是规范分析。通过研究，笔者认为交通运输与经济发展情况是显著的正相关关系，交通运输的发展状况直接反映了经济的发展情况，在我国交通基础设施还不是十分完善的情况下，每种交通运输方式都是整个交通运输网络的重要组成部分，应当充分发挥各种交通运输设施的作用，服务经济发展。

二、本书的不足

（一）未研究高速铁路对其他产业的影响

高速铁路对产业发展的影响应当不仅仅局限于知识密集型产业，从现有的研究成果来看，高速铁路修建对旅游业、房地产业、商务会展业等也会产生显著的影响，特别是随着高速铁路在全国更大范围的建设，其影响将更加深远。但由于篇幅所限，本书没有研究高速铁路对以上产业发展的影响。

（二）未研究高速铁路与货物运输之间的关系

我国高速铁路建设的目的，就是逐步实现铁路运输客货分离，高速铁路的大面积修建，将会使货物运输更加便利。可能由于本书所使用数据的限制，没有发现高速铁路建设与我国货物运输之间较为明显的相关关系。因此，这方面内容没有作为本书的研究重点。

（三）未涉及高速铁路对城市经济、县域经济的影响研究

由于本书数据的限制，仅研究高速铁路建设省级数据对经济发展的影响，没有进一步研究高速铁路建设对城市经济和县域经济的影响，因此，研究结果带有一定的局限性。

（四）仅研究高速铁路与研究对象之间的线性关系

本书的计量模型仅仅局限于对研究对象之间线性关系的考察，并未涉及复杂的非线性关系，可能无法全面地描述高速铁路与劳动力、产业之间更复杂高阶关系。

（五）内生性问题

本书的大量篇幅都是进行的实证研究，实证研究很难避免内生性问题。本书使用面板数据模型，面板数据既随时间变动，又随个体变动，而解决内生性问题的最好方法是工具变量法。本书没有找到适合解决面板数据内生性的工具变量，而是采取现有研究中普遍采用的"直线法"来解决内生性问题。而限于本书是省级面板数据，由此检验的主要变量——高速铁路二值变量的内生性并不十分强烈。

第二章

交通运输经济效应理论渊源
及高速铁路经济效应述评

交通运输经济学研究的问题之一就是交通运输业与国民经济及其各部门的经济关系及对国民经济的贡献（谢安周等，1998）。高速铁路属于一种重要的交通运输方式，是交通运输经济学的子学科（马江生，1989）。但是，交通运输问题并不是孤立存在的，交通线路处于一个空间范围之中，高速铁路建设的经济效应是运输经济学的研究对象，同时还涉及区域经济学、新经济地理学的相关理论。因此，本章将对运输经济理论的相关研究进行文献梳理，试图从古典经济学到现代西方经济学、从"重商主义"到"新经济地理学"、从出现到消失再到重现的过程中探索交通运输经济的发展脉络，并展现交通运输在资本主义各个历史时期对经济发展的重要性。这些研究所得到的结论可以直接用于对高速铁路的研究，而对高速铁路的研究也是基于对交通运输经济理论研究成果的运用和发展。

第一节　交通运输经济效应理论渊源

一、"重商主义"、古典经济学对运输经济理论的阐述

从资本主义生产方式诞生之日起，资本主义的发展与国内及国际贸易的发展休戚相关，而贸易离不开运输，因此，交通运输贯穿整个资本主义的经济发展历程。但是，资本主义经济学家并不是一直关注交通运输在经济发展中的重要作用。西方主流经济学一直重视时间因素在经济发展中的作用，而长期忽视空间因素在经济发展中的作用。

（一）"重商主义"与运输业

14～15世纪，资本主义的生产方式在意大利和欧洲的一些国家出现，被称为西方资本主义的萌芽。伴随资本主义经济的发展，资本主义的经济学研究也开始活跃起来。资本主义的经济学最早可以追溯到"重商主义"。15～16世纪资本主义萌芽时期，西欧的社会经济是流通支配生产，而不是生产支配流通，足以说明运输在贸易活动中的支配地位，只有运输可以到达之处，商品才能实现从产品到货币财富的转换，也就是实现从使用价值到价值的转换。

"重商主义"奉行的是货币就是财富，如果国家想要变得富裕，就要多积累货币，商业活动是增加金银储备的重要方式，因此商人非常重要，只有商人的社会地位得到提高，商业才能更快地发展起来。除了国内贸易，更重要的是扩大对外贸易，只有这样，才能把别国的金银变成本国的财富，实现更多的金银储备。早期重商主义又被称为"重金主义"和"货币差额论"（陈岱孙，1998）。后期的"重商主义"不再单

纯强调货币的积累，而是强调让货币流动起来，通过对外贸易输出工业产品换回更多的货币，而不仅仅停留在禁止货币流出的层面上，但仍强调"贸易顺差"，没有脱离货币是一国财富的象征这一中心，体现了资本主义发展早期原始资本积累的迫切需要。

"重商主义"强调货币财富的重要性，通过商业活动换回更多的货币，因此，商品流通对一国资本主义经济的发展影响巨大，只有通过商品的流动才能实现货币的增加，那么，商品的流动必然需要交通运输工具的辅助，对外贸易更是离不开运输业的发展。而资本主义早期的运输工具非常简陋，只有马车和船舶，运输速度非常缓慢。当时的人们就是通过这些简陋的运输工具运输商品，发展对内和对外贸易。但是，运输工具的限制也导致当时的商品流通速度较慢，市场范围较小。

（二）亚当·斯密对运输问题的论述

亚当·斯密（1723～1790年）被认为是古典主义经济学的开创者，其代表作是《国民财富的性质和原因的研究》，简称《国富论》。亚当·斯密将经济学的研究从流通领域转向生产领域，《国富论》开篇首先论述了生产中分工的重要性，分工使得人们只要付出部分劳动就可以获得日常所需。"就拿普通工人身上所穿的羊毛外衣来说，……参与这项工作的劳动者通常不在一个地方，原料的购买与运输，需要很多商人和运输工人的参与。染工所需的药料，来自世界各地，所涉及的商业和运输业，不知会有多少劳动者参与其中；还有劳动者所使用的工具和机械，……"[①] 这段论述说明分工使得人们各司其职，一件商品的生产有许多行业的劳动者共同参与完成，而运输业已经成为资本主义经济的重要行业。

---

① 亚当·斯密. 国富论 [M]. 武汉：武汉出版社，2010：8.

由于资本主义初期运输工具的限制，运输成本过高，导致资本主义市场范围的扩大受到影响，但是水路运输比起陆路运输又有一定的优势。文中举过一个例子："在伦敦和爱丁堡间运输货物，用两人驾驭的8 马广辐四轮货车，一次载重约 4 吨货物，往返需 6 星期日程。若借水运，在相同的时间内，由 6 人或 8 人驾驶的一艘船，便可将 200 吨货物由伦敦运往爱丁堡，这相当于 100 人、400 匹马和 50 辆四轮货车的运输货物量。即使依据最低的陆运运费计算，仍必须负担 100 人、20 天的生活费以及 400 匹马和 50 辆四轮运货车的维持费，同时还要负担和维持费几乎相等的消耗。若采用水运，所要应负担的只不过是 6 ~ 8 人的生活费，货物的消耗费和较大的保险金，也就是水运与陆运在保险费上的差额"①。这说明在交通运输工具不甚发达的时期，水路交通的重要性和优越性，丰富的水路交通是古代地区贸易繁华的先天优势。此外，斯密认为交通运输发达与否会影响市场的供需变化，如果交通便利，会及时缓解供不应求的局面。

斯密还认为交通运输可以促进统一市场的形成，可以实现财富的分散，对偏远地区的发展极为有利。他提到："道路、运河或可通航河流的便利，会大大降低运输费用。这就使得僻远地方与城市周围地区，更接近于同一水平。所以，交通改良在一切改良中最具有实效。大多数乡村都处在广大的僻远的地方，交通的改良，势必会促进广大地区的开发"②。按照斯密的观点，如果没有运输，再好的产品也无法售出，一旦拥有了发达的交通运输，商品的流动、经济的扩散效应会促使偏远地区的经济得到发展，并与发达地区的经济逐渐趋近。可以看到，亚当·斯密已经论述了交通基础设施对于市场一体化的重要性，现代"新经济地理"的发展受斯密思想的影响颇深。

---

① 亚当·斯密. 国富论［M］. 武汉：武汉出版社，2010：14.
② 亚当·斯密. 国富论［M］. 武汉：武汉出版社，2010：90 – 91.

纵观亚当·斯密的论述可以看出，运输是资本的重要用途之一，劳动分工、市场范围和运输成本，这三者密切联系在一起。分工导致运输业产生，运输工具所及之处决定了市场范围的大小，运输成本的高低决定了将商品从一地运往另一地区是否有利可图。交通运输的发展有利于统一市场的形成和扩散效应的发挥，对偏远地区的经济发展是十分有利的。这些观点在现实中都得到了一定的验证。

（三）萨伊与大卫·李嘉图对运输业的论述

萨伊和李嘉图是同时代的经济学家，其经济学观点却不尽相同，但在对运输理论的认识上却有着一致性。

萨伊（1767~1832年）是法国经济学的创始人，《政治经济学概论》（也称作《政治经济学》）是其代表作。他认为，就一个国家的利益而言，将资本投入到农业是最为有利的，而对于个人来说也是如此。他们喜欢的投资是最接近于家庭的投资，首先是改善土壤，这被认为是最安全和最永久的投资，其次是制造业和商业，最后是对外商业、运输业和跟遥远国家的贸易①。这些思想体现了萨伊对农业的重视，因此萨伊被认为是"重农学派"的代表。虽然如此，萨伊有很多关于运输业的论述。萨伊认为："运输产生了所谓的商业的职业"②，和制造业相比，商业也参与生产工作。商业把一个物品运输到另一个地方，扩大了物品的价值，运输是商人对物品进行的改造③。当然，萨伊的这些观点没有分清价值、使用价值及交换价值之间的区别与联系。但萨伊肯定了对运输基础设施投资的价值，他认为如果公共投资十分恰当，不存在浪费，修建公路、运河以及桥梁等公共基础设施所提供的利益远远大于他们的费用。因为公路建设可以节省大量的运输费

---

① 萨伊. 政治经济学概论 [M]. 北京：商务印书馆，1963：405.
② 萨伊. 政治经济学概论 [M]. 北京：商务印书馆，1963：102.
③ 萨伊. 政治经济学概论 [M]. 北京：商务印书馆，1963：64.

用，运河能够节省的运输费用更高。萨伊还预言铁路将成为新的运输方式，虽然铁路投资巨大，但是可以节省运输费用，乘坐舒适，行驶快速①。

李嘉图（1772～1823 年）是继亚当·斯密之后著名的经济学家。他在《政治经济学及赋税原理》中对亚当·斯密以及萨伊的一些观点进行了评价和进一步阐述。针对萨伊所述："商业使我们在商品产地得到商品，并能把这种商品运往另一商品消费地，这样使我们能够在商品产地和商品消费地的全部差价中增加商品的价值。"② 李嘉图进一步解释道："首先是把运费加在生产成本上，然后加上商人垫付资本的利润。这种商品在被消费者购买以前，它的生产和运输便花费了很多的劳动，所以与其他商品价值增加的理由一样，它的价值也增加了。决不能把这一点看成是商业优势。我对这一问题进行认真研究时发现，商业的全部优势是我们能够取得更有效用而不是更有价值的东西。"③ 李嘉图认为商人在运输过程中保持物品的使用价值不会减少，体现了运输的功能。商业活动离不开运输，运输为实现商品交换提供了必要条件，同时为商品使用价值的保持投入了必要的社会劳动。

在谈到赋税原理时，李嘉图提道"人口的增加、农业和运输制造业的发展、码头的修建、无数运河的开通，还有许多其他耗费巨资的事业都是国家资本增加的佐证，都能说明资本和年生产量的增加。国家征税会投资于公共事业，这些公共事业虽然会使当时的消费变少，但是从长远来看，却是有利于社会发展的。"④ "近二十年来，尽管英国政府开支数额巨大，但是人民增加生产弥补这种开销还是绰绰有余的。国家资本不仅未受损，反而极大地增加了，现在人民的税后年收入高于以往任何历史时期。"⑤ 虽然是在论述税收的作用，但同时也说明了，国家税收

---

① 萨伊. 政治经济学概论 [M]. 北京：商务印书馆，1963：497 - 498.
②③ 李嘉图. 政治经济学及赋税原理 [M]. 北京：华夏出版社，2005：186.
④⑤ 李嘉图. 政治经济学及赋税原理 [M]. 北京：华夏出版社，2005：106.

很多用于交通基础设施建设，诸如运输制造业、运河和码头的修建等，这些投入不但没有对国民经济造成损害，还可以极大地促进国民经济发展。

（四）马克思主义政治经济学与运输经济理论

马克思（1818～1883 年）是马克思主义的创始人，他将毕生的心血投入《资本论》的写作。马克思受英国古典政治经济学影响很大，这些思想在《资本论》中得到了充分的体现，因此，将马克思的相关论述也归纳在此。

马克思认为运输是商品流通过程中必不可少的环节，离开运输，商品无法实现位置的转移，运输是商品生产的延续，运输业者的劳动也是创造价值的劳动。运输在资本主义生产和资本积累过程中起到了重要作用。

1. 交通运输业与资本主义生产的关系

马克思在《资本论》（第一卷）中说道，某一行业机器大工业的发展会带动与之相联系的一系列产业的发展。因为，一旦某一行业采用机器生产，其上下游的产业必须发生变革才会适应这一行业由于机器的采用产生的高效率，否则将无法吸收这一行业由于变革所产生的供给和需求。① 因此，对其他产业的拉动作用十分显著，其中，交通运输业也是其中之一。马克思说道："撇开已经完全发生变革的帆船制造业不说，交通运输业是逐渐地靠内河轮船、铁路、远洋轮船和电报的体系而适应了大工业的生产方式。但是，现在要对巨大的铁块进行锻冶、焊接、切削、镗孔和成型，又需要有庞大的机器，制造这样的机器是工场手工业的机器制造业所不能胜任的。"② 这一方面说明了其他产业技术革新对

---

①② 马克思. 资本论（第一卷）［M］. 北京：人民出版社，2004：441.

于交通运输业发展的影响，另一方面也说明了交通运输业对其他产业发展也起到了带动作用。交通运输业所需要的交通工具并不是较为低级的工厂手工业可以满足的，需要更加先进的机器和工艺，对机器大工业的发展提出新的要求。所以，它们是互相促进的关系。而由于运输业发展的限制，机器大工业发展也会受到限制，只有运输业发展起来以后，大型机械设备才能由生产地向消费地运输，实现生产效率普遍提高的目标。

同时，机器大工业积累的物质财富为运输业的资本聚集提供了物质保障，通过机器大工业积累的财富迅速投到旧的生产部门，使得这些旧的生产部门迅速发展，其中就有铁路产业。马克思在《资本论》（第二卷）中认为，运输业不生产产品，但在经济上很重要①。用现在的经济学术语来说，运输业属于生产性服务业。

2. 交通运输与市场和利润的关系

随着资本主义生产的发展，资产阶级财富不断增加，大多数剩余价值被资产阶级所取得。财富增长使得资产阶级对"奢侈品"的需求不断增加，国内生产的产品已经无法满足他们的需求，因此需要从国外进口大量的消费资料和生产资料以满足他们新的需求。这些需求导致了对运输业需求增加，运输业得到迅速发展，并且产生了许多细分产业②。此外，运输业发展也会影响市场范围的变化。特别是一些不易保存的商品，其市场范围受到其保存时间的影响，但是如果运输工具得到发展，运输速度加快，那么商品的销售范围就会扩大。

同时，机器大工业和交通运输的发展，使得资本主义向全世界扩张，资本主义国家争夺海上霸权，并瓜分海外市场，迫使生产落后的国

---

① 马克思. 资本论（第二卷）［M］. 北京：人民出版社，2004：167－170.
② 马克思. 资本论（第一卷）［M］. 北京：人民出版社，2004：512.

家和地区成为发达资本主义国家的原材料产地或者沦为殖民地，而资本家的财富也越聚越多，运输业与运输工具的发展促进了这一趋势①。此外，交通运输业的发展还使得资本家在生产和流通过程中不需要进行大量的商品储备，可以进行小批量多批次地生产，尽可能地降低商品流通成本，加速了资本周转，提高了资本利润率②。

可以看出，马克思也充分肯定了运输在资本主义原始积累和对外扩张中的重要作用，特别是加速了资本主义在全世界的扩张。从根本上来说，仍然强调的是交通运输对市场范围扩大的重要作用，并提高了资本收益。与亚当·斯密的观点相一致。

（五）新古典学派—马歇尔对运输经济理论的论述

马歇尔（1842~1924 年）是新古典经济学最具代表性的人物，其代表作为《经济学原理》。他认为人类生产和消费的是生产效用，而不是物质本身。贸易和运输的存在是有其生产效用的③。经营运输业需要大量的资本，大资本的联合往往会形成垄断，在美国称为"托拉斯"，比之更加松散的企业组织，用德语说是"卡特尔"。说明了投资和经营运输业所需资本之巨，修建铁路等交通运输设施需要投入大量的资金，因此需要资本雄厚的大资本家的投资。经济和科技的进步，使得很多昂贵的运输工具投入使用。他在文中写道："又如一条汽船的成本，也许相当于驾驶这船的那些人的十五年或更多的劳动；同时，投于英国和威尔士的铁路之资本约为十万万镑，相当于铁路所雇用的三十万工资劳动者二十年以上的工作。"④ 这充分说明了修建铁路的投资之巨，不是一般投资者所能承担的，在一定程度上促使了资本联合，资本联合最终导

---

① 马克思. 资本论（第一卷）［M］. 北京：人民出版社，2004：519.
② 马克思. 资本论（第二卷）［M］. 北京：人民出版社，2004：145.
③ 马歇尔. 经济学原理（上卷）［M］. 北京：商务印书馆，1964：82－83.
④ 马歇尔. 经济学原理（上卷）［M］. 北京：商务印书馆，1964：239.

致交通运输业垄断的产生。

在马歇尔的著作中，专门讨论了交通工具的改良对于工业地理分布的影响，"每当交通工具跌价，和远地之间的思想自由交流每有新的便利，会使工业分布于某地的种种因素的作用就随着变化。货运的运费和关税的减低，会使每个地方从远处更多地购买它所需要的东西；因而就会使特殊的工业集中在特殊的地方；但另外，凡是增加人们从一处迁往别处的便利的事情，会使熟练的技术工人接近购买他们的货物的消费者，而竭力使用他们的技能。这两种相反的倾向，从英国人的近代史中得到良好的例证"。① 运输技术和运输距离决定了商品的市场范围。同时，交通的便利也增加了知识和技术的交流，对产业的布局产生影响。因此，马歇尔肯定了运输业对工业区位的影响。在贸易和交通运输发展的背景下，英国的对外贸易、对外投资都迅速增加，促进了财富的积累。大规模的生产和销售活动，又进一步降低了运输费用，带来了生产的集中，体现了规模报酬递增规律。此外，他还认为 19 世纪以来的英国，从运输业中得到的利益要多于从工业发展中得到的利益②。19 世纪以来的英国，运输业发展十分迅速，使得英国的财富不断增加，但同时规模报酬递增也导致了垄断。

马歇尔还指出交通运输基础设施会产生外部性。在一块土地上修建铁路可以大大提高土地的价值。他说道："在这种场合，在作为土地所有者的收入的增加中，有一部分应当看成是改良他们土地所投下的资本的利润，虽然这种资本曾用于建筑铁路，而不是直接用于他们自己的土地。"③ 这说明交通运输设施建设改善了地区的投资环境，促使土地价格上升，有利于土地所有者增加收入，促进经济的发展。

---

① 马歇尔. 经济学原理（上卷）[M]. 北京：商务印书馆，1964：286.
② 马歇尔. 经济学原理（下卷）[M]. 北京：商务印书馆，1964：328.
③ 马歇尔. 经济学原理（下卷）[M]. 北京：商务印书馆，1964：126.

二、新制度经济学、新兴古典经济学与交通运输经济理论

（一）新制度经济学与交通运输经济理论

制度经济学，最早可以追溯到 19 世纪 40 年代起源的德国历史学派，是用主流经济学方法研究制度的起源、构成和演变的西方经济学说，强调制度分析或结构分析。这里所说的制度，是指社会政治和经济组织。制度经济学着重于资本主义经济生活中制度作用的分析，用制度结构方面的不协调来解释资本主义社会存在的问题①。19 世纪末 20 世纪初，新制度经济学兴起，其理论体系主要包括相互联系的三部分：交易成本经济学（从协约角度来看待和研究经济组织，说明企业存在和发展的原因）、产权经济学（研究产权界定对克服外部性的作用从而给资源利用效率造成的影响）和制度创新理论（从制度创新角度研究经济增长的制度原因及制度变迁的规律)②。

新制度经济学的创始人科斯（Coase，1937）认为，如果交易成本为零，无论权利如何界定，都可以通过市场交易达到资源的最优配置。但是，在现实生活中，交易成本不可能为零，因此交易成本的存在会对资源配置的最终结果有着重要影响。科斯所谓的交易成本是除生产和运输成本之外订立及执行合同和管理组织的成本。张五常又将交易成本的含义扩充到所有不直接发生在物质生产过程中的成本（何雄浪等，2007）。但运输成本和交易成本共同构成了商品在所有权转移过程中的相关费用，新制度经济学的一些案例也与交通运输费用相关，因此，新制度经济学的出现和发展对交通运输理论的发展起到了一定的推动作

---

① 中国百科大辞典 ［M］. 北京：华夏出版社，1990：328.
② 夏征农. 辞海四 ［M］. 上海：上海辞书出版社，2002：2381.

用，但交通运输被当成一种生产技术仍被排除在外（金戆等，2010）。

（二）新兴古典经济学与运输经济理论

针对新古典经济学的分析缺陷，以杨小凯为代表的经济学家提出了超边际分析模型，将新古典经济学中忽视的劳动和专业化问题重新纳入到模型之中，形成了新的经济学派"新兴古典经济学派"。为了解决新制度经济学的交易成本概念不包括运输成本的缺陷，以及交易成本难以量化的问题，杨小凯提出"交易效率"的概念，其含义为完成一笔交易所需要的时间或单位时间内完成交易的次数。[1][2] 并认为交易成本分内生的交易成本和外生的交易成本[3]。经济体中的交易效率的变化既可由基础设施的变化（交通条件与通讯设施的改善）引起，也可由制度性的变化（民主的政府制度的建立与更有效的产权保护的法律制度的实施）引起（何雄浪等，2007）。这样，新兴古典经济学将新制度经济学的交易成本和古典经济学的运输成本概念都纳入到模型中加以解释。

杨小凯也使用了萨缪尔森的"冰山"运输成本的形式来表示交易成本，如果购买者购买1个单位的商品，最终只收到 k 单位，那么 $1 - k$ 就是交易成本，k（$0 \leqslant k \leqslant 1$）就是交易效率。可以看出交易效率与交易成本呈反比关系，如果运输技术和运输效率提高，交易效率也随之提高，对经济发展是十分有利的。

---

① Yang X. A microeconomic approach to modeling the division of labor based on increasing returns to specialization ［D］. Princeton：Princeton University，1988.

② Xiaokai Yang. Development，structural changes and urbanization ［J］. Journal of Development Economics，1991（1 - 2）：199 - 222.

③ 外生交易成本是指那些在交易过程中直接或间接导致的费用。在商品的交易过程中所用的资源是直接的外生交易成本，生产在交易过程中所使用的交通、通讯和交易设备（计算机、汽车、塑料的银行卡）所耗费的资源则是间接的外生交易成本。内生交易成本包括广义和狭义两类。广义内生交易成本被定义为在决策的交互作用发生以后才能看到的交易成本。狭义内生交易成本被定义为均衡偏离帕累托最优而产生的交易成本。内生交易成本对均衡的分工网络规模和经济发展的意义比外生交易成本更为重要，因为内生交易成本是由个人的决策以及他们对体制和合约安排的选择决定的（何雄浪等，2007）。

三、经济地理与交通运输经济理论

经济学和地理学本来是并行发展的两个学科。但随着人类经济活动与地理环境的关系越来越密切，经济地理学逐渐从地理学和经济学中分化出来。1760 年俄国科学家罗蒙诺索夫首先提出了"经济地理学"这个名称，1882 年德国地理学家格茨发表《经济地理学的任务》—文，论述了经济地理学的性质及其构成，标志着经济地理成为一门独立的学科（刘志高，2006）。按研究对象和内容不同，人文地理学可分为部门经济地理学、综合经济地理学及区域经济地理学。交通运输业属于部门经济地理学的研究对象之一（吴传均，1992）。20 世纪 90 年代，经济地理学实现新的突破，将空间问题纳入到主流经济学分析框架中，并形成了新的经济学流派，被称为新经济地理学。

（一）传统经济地理—交通运输与农业和工业区位

政治经济学之父威廉·配第先于杜能提出区位地租的概念（郝寿义，2007），配第认为每英亩的地租量是由人口的密度所决定的，亦即土地的地租依赖于"位置"而不是肥力。杜能（1783 ~ 1850 年）被认为是经济地理学的创始人，也被认为是西方区位理论的先驱。在他的代表作《孤立国同农业与国民经济的关系》中，在一定的假设条件下，他将运输费用纳入到经济模型中，得出某个地方种植什么农作物最为有利，完全取决于利润（P），而利润是农产品市场价格（V）与其成本（E）和运费（T）的差额。三者的关系可以用等式：$P = V - (E + T)$ 来表示。杜能将他所观察到的数据带入式中，计算出各种农作物合理的种植界限，得到孤立国中不同农业经营类型将围绕城市呈同心圆环状分布，从中心地区向周边依次是蔬菜、林业、谷物和畜牧。说明了运输费用对农业生产分布的影响（杜能，1986）。

韦伯（1868～1958 年）是工业区位论的奠基人，他从工业区位的角度解释了产业集聚现象。在其代表作《论工业区位》中，经过反复推导，确定了 3 个一般区位因子：运费、劳动费、集聚和分散。因此，企业在选址过程中要选择使其利润最大、成本最小的地区，其中运输费用和劳动费用是构成成本的重要因素。从现在的发展来看，韦伯的研究仍具有实际意义，交通基础设施建设，一方面可以降低运输费用，另一方面又可以将廉价的劳动力以较低的成本运送到有劳动力需求的区域，形成劳动力的集聚（刘玉龙，1997）。

1933 年，德国的克里斯塔勒对区位理论进行发展，提出了中心地理论。廖什论证并发展了中心地理论，并且从消费地的角度研究工业布局，重视市场对工业区位的影响（刘玉龙，1997）。这些都属于传统经济地理具有代表性的研究成果。

（二）新经济地理——交通运输与城市、产业、贸易发展的关系

1. 交通运输对城市发展的影响

从 20 世纪 90 年代开始，以克鲁格曼、藤田昌久为代表的经济学家创立并发展了新经济地理学。一般认为，新经济地理的开创是以克鲁格曼 1991 年发表的论文《报酬递增和经济地理》，文章在迪克西特－斯蒂格里茨（Dixit－Stiglitz，1977）构建的模型[①]基础上构建了中心—外围模型，简称 C－P 模型，将运输成本内生化，认为经济的中心—外围结构取决于运输成本、规模经济和制造业在国民收入中所占的比重。但新经济地理的出现可以追溯到藤田（Fujita，1988，1990）对非单级城市的研究，新经济地理学最早是研究城市聚集问题，而城市的最

---

① Avinash K. Dixit and Joseph E. Stiglitz. Monopolistic Competition and Optimum Product Diversity ［J］. The American Economic Review，1977（3）：297－308.

主要的特征就是人口和经济活动的聚集（李金滟等，2008）。企业为节约运输成本，会将企业设置在市场最大的区域，市场较大的区域往往也是人口密集的区域，能为企业提供丰富的劳动力。后来的学者也针对城市的发展特点展开研究，如果放松克鲁格曼 C－P 模型中的部分假设，如劳动力可以跨区或者跨行业流动，就会带来不同的结果，会导致人口向周边地区流动，企业也会向周边地区分散，形成分散效应（Tabuchi，1998；Puga，1999；Fujita et al.，1999）。总之，城市中人口和经济活动的聚集和分散是在向心力和离心力两种效应的共同作用下产生的。

2. 交通运输对产业和贸易发展的影响

交通运输成本除了对城市的发展产生影响以外，还会对产业和贸易的发展产生影响。如前文所述，克鲁格曼认为运输成本低、规模经济以及制造业比重高会带来集聚。在现实中，运输成本的存在，使得较早发展起来的区域有一定的优势，可以吸引较多工业，实现较快增长（Krugman，1991）。在克鲁格曼之后，有很多学者放松了克鲁格曼 C－P 模型中的假设得出了许多不同的结论。安东尼奥·里奇（Luca Antonio Ricci，1999）在放松 C－P 模型的假设基础上，构建了一个两国三地区的模型，发现经济一体化可能会导致产业集聚的减弱甚至出现逆产业集聚。新经济地理的突破性进展就是结合运输成本的影响对企业异质性的研究，企业异质性会带来企业行为和经营结果的差异（Melitz，2003）。实证研究发现，只有生产效率高的企业才会开展对外贸易，效率低的企业倾向于在国内生产，而梅里兹（Melitz，2003）对这种效应进行了理论上的解释。我国学者将新经济地理学与我国的实际相结合，发现交通便利，距离世界市场较近的沿海地区凭借其优越的地理位置成为产业聚集和开放程度最高的地区（盛斌等，2011）。此外，运输成本的降低会导致"产业空洞化"，使得制造业外移（胡浩等，2011）。

四、交通运输经济理论述评

古典经济学起源于亚当·斯密，他肯定了劳动价值论，并阐述了劳动分工对于财富增长的重要性。而运输业就是在劳动分工的前提下产生的。资本主义的经济发展与对内对外贸易的发展密不可分，开展贸易活动就需要运输，离开运输，商品无法实现从生产地到消费地的转移。资本主义早期运输条件恶劣，运输工具落后，无法实现市场范围的扩张。但是随着资本主义生产力的提高，运输技术也不断提高，工业革命成果成功地运用在了交通工具上，为资本主义对外扩张、抢占世界市场提供便利。

古典主义西方经济学在发展过程中，继承和发扬了亚当·斯密的思想，认为运输是商品从使用价值向价值转换过程中必不可少的条件，运输业的发展加快了资本主义物质财富的聚集，使市场范围不断扩大，并促使产业集聚；而偏远地区由于与中心区域时空距离的拉近，促进了一体化市场的形成，会带来经济的扩散效应。同时，交通运输技术的发展使得交通基础设施投资巨大，私人资本联合才能负担起庞大的建设资本投入，国家逐渐成为基础设施建设的主力。国家进行公共投资并没有因为当期消费的减少而影响经济发展，国民经济反而是从基础设施投资中受益，充分说明了交通运输基础设施的投资会产生外部经济，十分有利于经济发展。这些都是现代运输经济理论与空间经济理论的思想源泉。但是，主流经济学的分析方法无法解释空间问题，特别是在阿罗—德布鲁一般均衡模型（Arrow，Debreu，1951，1954）和"空间不可能定理"（Starrete，1978）提出以后，西方主流经济学就不再关注空间问题，使得交通运输问题在主流经济学中消失。

新制度经济学、新兴古典经济学对交通运输理论的发展作出了贡献，特别是新经济地理的兴起，运输费用被重新纳入主流经济模型中，并解释了很多现实的经济现象，使得经济学者重新审视交通运输对经济发展的重要作用。目前，这一领域得到了快速的发展，特别是在国际贸易、区域经济方面，并成为新的经济理论前沿。

第二节　高速铁路建设的经济效应研究综述

1964 年，日本建成了世界上第一条高速铁路，并实现了良好的经济效益。此后，高速铁路在全世界发展起来。继日本之后，1981 年，法国建成了欧洲第一条高速铁路，截至 2014 年 9 月，欧洲共建成 7351 千米高速铁路[①]。目前，世界各国已经开发出日本新干线系列、法国 TGV 系列、德国 ICE 系列、意大利 ETR 系列等高速列车。由于目前建成高速铁路的地区主要集中于日本和欧洲，国外对高速铁路研究也主要集中于这些国家。这些研究主要集中于高速铁路对产业、城市、区域的影响，这些影响最终都会对经济发展产生作用，但是作用是不均衡的，有时对区域经济产生有利影响，有时对区域经济产生不利影响。高速铁路所起的经济作用从根本上说都是由高速铁路本身的经济属性所导致的。

一、高速铁路产品的经济属性

公共物品具有非竞争性和非排他性。非竞争性是指某人享用这件物品并不妨碍其他人消费这件物品；非排他性是指只要公共物品存在，任何人都可以消费，特别是免费消费。准公共物品的特征就是有限的非竞

---

① 国际铁路联合会，https：//uic. org/spip. php? page = recherche&recherche = &page = document - search&page = document - search.

争性和非排他性。以高速铁路为例，私人很难提供高速铁路服务，必须由政府或者公共事业部门提供；乘坐高速铁路必须购买车票，但其票价并不能完全体现建设高速铁路的成本，特别是铁路服务定价中的低价车票无法完全弥补建设和运营成本（王茜，2014），因此，高速铁路本质上属于准公共物品（赵林如，1999）。同时，高速铁路运营过程中可以获得经济收益，又具有一般商品的属性。因此，高速铁路建设和投资所产生的经济效应不能简单地按照一般商品属性来定性，只关注其经济效益，忽视其社会效益。

因此，现有的研究中，除了某些国家（如美国、澳大利亚等）对是否建设高速铁路及高速铁路的经济效益进行论证外，更多的研究集中在高速铁路准公共物品属性所产生的经济效应。本节对高速铁路建设经济效应的文献梳理也更多地关注高速铁路建设的外部经济效应。

二、高速铁路商品属性带来的经济效应

（一）投资收益（investment revenue）

铁路运输方式是随着第一次"工业革命"逐步发展起来的，之后"电力革命"使铁路运输走入高铁时代。高速铁路属于运输服务，与公路、航空等运输方式类似，是为了满足人们出行的需要而修建的，人们购买交通运输服务，就要支付费用。高速铁路提供快捷便利的交通服务，并逐渐占据了一部分市场份额，为高速铁路的运营带来了一定的经济效益。虽然我国高速铁路投资远远低于发达国家，但每千米投资也近亿元[①]，如京沪铁路全长 1318 千米，总投资达到 2209 亿元，

---

① 每条高速铁路的建设成本差异很大，因为拆迁成本、建设成本等都存在差异，这里只是一个大约数。再就是高速铁路的时速与成本也成正比，250 千米时速和 350 千米时速建设成本又不相同。

每千米投资为 1.676 亿元①。从目前我国高速铁路运营情况来看，京沪铁路开通三年多后已经率先盈利，实现了良好的经济效益，但就整个高速铁路网来看，实现盈利的高铁线路并不多，绝大多数仍处于亏损状态。说明，单从投资收益来看，高速铁路的经营并不理想。

（二）竞争效应（competition effect）

由于高速铁路提供了能够满足人们日常出行需要的服务商品，因此，与同时提供出行服务的公路和航空运输展开竞争。目前我国境内运行的高速铁路速度介于 200 千米/时至 300 千米/时（高速铁路设计时速可达 350 千米/时），一般认为，在 500 千米至 1000 千米的距离上，高速铁路有着巨大的竞争优势。高速铁路的出现，不但夺取了一部分公路旅客运输的市场份额，还夺取了一部分航空旅客运输的市场份额。价格方面，高速铁路票价虽高于普通铁路，但是由于其乘坐舒适、方便快速，大大缩短了旅行时间，在中短途市场可以与飞机媲美②。因此，与飞机票价相比，仍具有一定的价格优势；而与公路运输相比，其安全性、舒适性更胜一筹。

尤其是在旅游和商务旅行中，高速铁路体现出巨大的优势。伊格纳西奥·巴伦（Ignacio Barron）等在 2012 年发布的一份研究报告中指出，2002 年英国每单位时间的市场价值为：闲暇 4.46 英镑、通勤 5.04 英镑、商务 39.96 英镑③。可见，商务旅行的时间价值是闲暇时间价值的近 9 倍，恰恰证明了"时间就是金钱"的俗语。高速铁路对于日常通

---

① 京沪高铁建成通车 ［J］. 现代隧道技术，2011（3）：158.

② 总旅行时间包括到达时间、等待时间和旅行时间，由于飞机的到达时间、等待时间都要大于高速铁路，因此其总旅行时间并不具有太大优势。

③ Ignacio Barron, Javier Campos, Philippe Gagnepain, et al.. Economic Analysis of High Speed Rail in Europe ［M］. Granada：BBVA Fundition，2012：26.

勤、商务活动来说，可以带来时间成本的节约，节省总旅行费用。而从世界其他国家和我国高速铁路建设的事后分析来看，高速铁路确实对航空客运产生了不小的影响，造成航空运输业客流量的下降，甚至某些航空线路因此而停航（Moshe Givoni et al.，2013）。但是，高速铁路是整个运输系统的有机组成部分，应当在保护竞争的情况下，充分实现高速铁路与航空、公路等运输方式的有机结合，方便人们出行，实现"门到门"的交通服务网络。

三、高速铁路作为准公共产品带来的经济效应

（一）乘数效应（multiplier effect）

按照宏观经济学原理，交通基础设施建设属于公共投资，公共投资会带来乘数效应。因此高速铁路建设对经济发展最直接的影响就是通过投资产生投资需求效应，其中投资乘数体现了投资与经济增长之间的关系，被称为"乘数效应"，对铁路的投资会产生数倍于投资的产出。铁路建设与投资需大量使用钢材、水泥、砂石等多种原材料，对冶金、机械、建筑、橡胶、计算机、精密仪器等行业产生了带动作用，直接带来与铁路建设前向关联及后向关联产业的发展，促进产出的增加；高速铁路建设本身为我国装备制造业现代化、增强国家科技实力作出了巨大贡献（兰英，2009），已经成为我国高端装备走出国门的代表。从我国历年对铁路建设的投资来看，投资额呈现不断增长的态势，其中，对高速铁路的投资大约占整个铁路投资的一半。图2-1展示了我国2006~2021年铁路投资的变化。

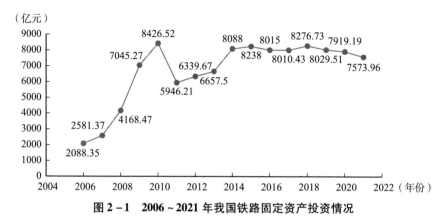

图 2 - 1　2006 ~ 2021 年我国铁路固定资产投资情况

资料来源：作者根据 2007 ~ 2022 年《中国统计年鉴》相关数据整理。

从图 2 - 1 来看，"甬温线"动车事故导致我国铁路固定资产投资在 2011 年出现较大波动，之后几年均稳步回升，到 2015 年基本恢复到 2010 年的投资水平。按照"乘数效应"的原理，"中国 2007 年投入产出表分析应用"课题组（2011）曾测算，我国近年来的投资乘数基本稳定在 1.5 ~ 2.2 之间[①]，根据 2018 年铁路投资高峰 8276. 73 亿元测算，将会带来 12415 亿元至 18209 亿元的总收入，可以带来大量的就业岗位，拉动内需，促进经济增长。

（二）"可达性"提高带来的外部经济效应

1. "可达性"（accessibility）与"走廊效应"（corridor effect）

高速铁路的修建，最直接的影响是提高了区域的"可达性"。可达性意为空间互动的机会，更高的可达性意味着更多的商业机会，更大的增长潜力（Walter G. Hansen，1959）。对可达性的研究包括三种维度：

---

① 中国 2007 年投入产出表分析应用课题组. 基于 2007 年投入产出表的我国投资城市测算和变动分析 [J]. 统计研究，2011（3）.

国际范围（Vickerman，1997；Garmendia et al.，2012；F Bruzzone et al.，2023）、区域范围（Ortega et al.，2012；Federico Cavallaro et al.，2023）、国家范围（Cao et al.，2013；Amparo Moyano et al.，2018）。国外学者对国际、国家、区域范畴都有涉及，特别是欧洲高速铁路有很多跨国线路；而我国学者对可达性的研究主要涉及国家范畴和区域范畴。

具体来说，可达性有三种测算方法：基于空间阻隔、基于机会累积和基于空间相互作用（刘贤腾，2007）。第一种方法计算可达性就是计算空间阻隔程度，阻隔程度越低，可达性越好，可以用加权平均旅行时间来表示（WATT）。第二种方法基于机会累积计算可达性，着重研究城市接近发展机会的难易程度，可被称为"日常可达性"（DA）。第三种方法可以被称为潜在价值（PV）测算，这一指标强调距离和活动的分布之间的关系，结合空间分离的程度和人口规模、经济活动规模的经济活动来衡量人口或经济潜力（刘贤腾，2007；Jingjuan Jiao et al.，2014；李建梅等，2022）。

高速铁路的修建带来了时空收缩效应，首先带动的是高速铁路的沿线地区的经济发展，产生所谓的"走廊效应"。高速铁路提高了国际、国家或者区域的可达性，特别是高速铁路沿线地区，促进了落后地区的经济发展（Adler et al.，2010；Preston，2012；Monzón et al.，2013；Shaw et al.，2014）。但桑切斯和吉沃尼（Sánchez - Mateosa & Givoni，2012）认为，高速铁路对可达性的影响区域是有限的。我国也存在类似的情况，高速铁路的修建从总体上提高了节点城市的可达性，如哈大铁路、京沪铁路的建设，产生了时空压缩效应，使得沿线城市可达性提高（赵丹等，2012；姜博等，2014；唐可月，2020），但目前的高速铁路建设不够均衡，从东部地区到西部地区，可达性逐步降低（Jingjuan Jiao et al.，2014），而且中西部有些地区存在被边缘化的危险，地区发展不够均衡（唐升等，2021），如皖北地区整体以及各城市内部的可达性均衡性程度都在降低，两极分化趋势在加剧（何丹等，2013）；此外，由于低价客车的停运，高速铁路票价较高，对低收入者极为不利，造成旅行成本的上升（Shih – Lung Shaw et al.，2014；卜伟等，2019），也影响了他们对高速铁路服务的需求。

2. 再定位效应（relocalization effect）

高速铁路打破了空间原有的平衡状态，促使更多企业和家庭在高铁沿线的聚集①，对资源要素进行再配置（文雁兵等，2022），形成再定位效应。布鲁姆等（Blum et al.，1997）认为高速铁路建设影响企业的设立和人们定居地点的选择，对高铁建设区域的经济一体化起到了重要作用。企业的设立会提供更多的就业机会，从而对劳动力市场造成影响，带来劳动力供需的变化，进而影响居民的通勤方式（Haynes，1997；Rietveld et al.，2001；M. Garmendia et al.，2011；2012），带来"同城效应"（郭嘉颖等，2019）。从长远来看，人口的增加、企业的设立都会促进高铁地区经济发展。贾斯珀·威利斯（Jasper Willigers，2011）经过研究发现，高速铁路站点地区对办公地点的选择有着强烈的吸引力，那些具有国际车站的地区更是可以吸引企业在此设立办事处并提高这些办公地点的地位。这一过程中集聚力和分散力相互作用，形成不同的区域发展格局。

高速铁路建设过程中，主要选择客运需求较大的地区，而忽略需求较小的地区，从而对需求较小地区的发展产生不利影响（Leo Van Den Berg et al.，1998）。维克曼（Vickerman，1995）及古铁雷斯等（Gutiérrez et al.，1996）发现高速铁路建设加强了中心—外围效应。高速铁路主要连接重要城市或大城市，但是小城市和途经城市受到的影响有限，甚至对小城市造成了负面影响（Moshe Givoni，2006）。安德烈

---

① 走廊效应可理解为高速铁路建成促进了已在位经济主体的发展，再定位效应则是带来新的经济体在高铁沿线地区的选址。

斯·蒙松等（Andrés Monzón et al.，2013）也认为高速铁路确实可以增加城市的吸引力，但是这些优势可能都集中在中心城市，对其他地区作用有限。维克曼（2015）对泛欧交通网中的高速铁路进行研究发现欧洲有些地区特别是高速铁路途经地区的经济发展没有达到预期的目的。这些研究都说明欧洲高速铁路建设对不同城市或区域经济发展的影响是不同的。我国也存在类似的情况。高速铁路修建的再定位效应，改变了区域和城市的空间结构、分布结构和层级结构（王雨飞，2016），导致了区域经济发展的不平衡和再平衡（周申等，2022）。很多学者经过研究发现，高速铁路确实可以促使区域不平衡发展的加剧。高速铁路打破了原有的空间格局，导致原有空间格局发生深刻变化，会产生进一步的不平衡效应，区域经济继续按照中心—外围（Krugman，1991）模式发展，原有的中心区域、中心城市的地位得到进一步强化，那些边缘地区的地位进一步地降低，进一步被边缘化，造成所谓的"虹吸效应"（张克中等，2016）。曹晶等（Jing Cao et al.，2013）认为北京—上海沿线和珠三角地区将会更多地获得高速铁路建设的好处，其他地区获益有限。张克中（2016）和王媛等（2022）经过实证研究发现，我国高速铁路强化了原有省会城市或者大都市的经济地位，使经济要素向中心城市转移。经济基础好的东部和中部地区进入中心区，东北和西部地区有被边缘化的危险（王雨飞，2016；唐可月，2020）。

但高速铁路建设也会带来分散效应。原有的边缘区域由于可达性的提高，可以获得更多的发展机会，从而与中心区域和中心城市的联系更加紧密，加快经济发展，促使经济一体化格局的形成。日本新干线的建设促进了沿线地区的经济活动，并催生了更多的就业机会，使新干线沿线形成"沿太平洋产业带"（Kamada，1980；Hirota，1984；Nakamura et al.，1989），促进了经济相对落后地区与发达地区的融合。高速铁路建设促进了法国中等城市的发展，使得一些企业、产业部门从大城市向中等城市聚集，给中等城市的发展带来机会（Cervero et al.，1996）。

较长距离的高速铁路将许多城市连为一体，使得连接城市成为一个整体的经济走廊，促进了这一地区经济发展（Blum et al.，1997）。蒂尔尼（Tierney，2012）认为高速铁路会引发下一轮经济浪潮，推动地区经济发展。有些学者认为不住在高铁附近的居民也受到高速铁路发展的有利影响（Zheng et al.，2013），有助于高铁周边地区消费水平的提高（湛泳等，2020）。李红昌等（2016）经过研究认为，从第三产业区位熵、经济密度、就业密度和市场潜能的角度来看，高速铁路的开通有助于西部地区城市集聚经济水平的提高，同时导致东部和中部地区集聚经济水平的降低，有利于我国经济均等化发展。

当然，高速铁路对区域经济的影响与区位有密切的联系。斯坦克（Stanke，2009）认为高速铁路对二级城市的影响取决于三个关键点：城市规模、网络位置和与中心城市的距离。高铁可以重塑城市空间结构（Hall，2009），建设在城市中心，可以增强原有城市中心的地位；建设在城市边缘，可以作为中心城市的辅助作用；建设在一个与中心城市有一定距离的新区，可以催生出新的商业区域。后两种城市形态改变了原来的城市结构。

3. 产业发展与结构效应（industrial development and structure effect）

高速铁路建设除了使与自身有着前向关联和后向关联的产业得到发展，更重要的是高速铁路的建成对企业选址和定居地点的影响带来的相关产业的发展。现有研究成果表明，受高速铁路影响最大的是房地产业、旅游业、商业和商务活动及相关服务行业，特别是对知识密集型产业也起到了带动作用，对区域原有产业结构和人才结构的优化起到积极作用。

（1）产业发展效应。

高速铁路建设首先带来了高速铁路沿线地区旅游业的繁荣，并改变了人们的旅行方式，同时对某些地区旅游业也带来一定的消极影响。日本广岛—山口—福冈新干线的建设，带来新干线沿线地区旅游业的发展，但是，高速铁路不经停地区旅游业受到严重影响，旅游人数下降（Okabe，1980）。法国大西洋高铁①（LGV Atlantique）建设促进了当地旅游业的发展，特别是商务旅行的增加，会议和贸易展览吸引了来自国内和国际的客户；巴黎到马赛的高速铁路建设增加了人们的短期旅行。同时，高铁建设也存在消极影响，城市旅馆中过夜的旅客数量降低；高速铁路建设促进旅游业发展的同时，也导致了不同地区旅游业的竞争（Masson et al.，2009）。而我国郑西高铁、武广高铁、京沪高铁等的建设，方便了居民出行，改变了人们的旅行方式，周末游、一日游明显增加，促进了高铁沿线地区旅游业的发展，也对高速铁路沿线地区旅游资源的开发提出了新的要求（王洁等，2011；殷平，2012；邓涛涛等，2016）。同时，高速铁路建设为不同地区旅游目的地的协同发展提供了新的机遇（殷平，2016），增加了城市的旅游收入（曹玉平等，2024）。

高速铁路建设对房地产业的发展也有着不同的影响。相比 2009 年高铁通车之前，南京南站地区的房价在几年之内大幅上涨。虽然有很多其他因素会导致房价上升，但是高速铁路的修通是不可忽略的因素（Yin Ming et al.，2014），对中小城市的房地产开发也产生重要影响（游悠洋等，2021）。陈振华等（Zhenhua Chen et al.，2013）通过对京沪高铁沿线城市房地产价格进行分析发现，京沪高铁对中小城市的房地产价格影响较大，而对大城市房地产价格的影响可以忽略不计。相反，台湾高速铁路建设并没有带来当地房地产市场的繁荣，这与高速铁路定价和高速铁路的位置相关。台湾高速铁路修建地区交通不便，限制了客流量的增加，使得高速铁路建设没有发挥出应有的作用（Andersson et al.，2010），日本的高速铁路建设也曾出现过类似现象（Sands，1993）。产业的发展和人口的增加，会促进城市经济的发展（Yin Ming

---

① 大西洋高铁是 1989 年法国开通的连接法国巴黎和法国西部的一条高速铁路。

et al.，2014）；而对于相对落后区域来说，则会加速城市化进程（A. Verma et al.，2013；陈卫等，2020）。

（2）结构效应。

结构效应既包括产业结构效应也包括人才结构效应，或者说是产业结构的变化带来了人才结构的变化。法国巴黎到里昂的高速铁路建设，促进了知识密集型部门在沿线地区的设立，使得在知识密集型企业中就业的人数增加，说明高速铁路对知识密集型企业区位选择产生影响，尽管不是企业区位选择的决定性因素（Sands，1993；Rietveld et al.，2001）。高速铁路的建设使得地方经济向知识密集型产业发展的趋势增强（Chen et al.，2011）。尹明等（Yin Ming et al.，2014）经过研究发现，英国高速铁路的修建，使得距离伦敦1小时距离的区域内知识密集型产业发展十分明显，距离伦敦2小时区域内知识密集型产业发展水平也高于平均水平。日本高铁建设对当地经济产生了积极影响，促进了人口的增加和城市化，相关产业也得到了发展，如信息交换业、高等教育等（Nakamura et al.，1989）。我国高速铁路的建设对加快第三产业和知识密集型产业的发展起到了积极作用。来逢波等（2016）经过实证检验发现，高速铁路建设促进了要素流动，对于第三产业的发展具有积极作用，有利于地区产业结构的调整，但这一效应具有滞后性。赵云等（2015）经过研究发现，可达性的提高有助于知识溢出效应的发挥，而高速铁路建设，促使节点地区外部知识存量显著增加，产生空间溢出效应。沪宁城际铁路以及湖北高速铁路的建设，带动了地区知识密集型产业的发展，如镇江市的信息传输、计算机服务和软件业等的产业人口流动趋势指数为正值，湖北高新技术产业得到进一步发展，有利于区域产业结构调整和产业升级（李祥妹等，2014；冯兵等，2014）。究其原因，高速铁路建设方便了人们沟通交流成本，促使知识溢出、创新集聚，从而带动经济发展（王雨飞等，2016；王春杨等，2020）。

可见，高速铁路对第三产业及知识密集型产业具有明显的促进作用，有利于地区产业结构优化升级，推动了我国经济的结构化调整和经济发展模式的转变。

四、高速铁路经济效应研究述评

高速铁路建设所带来的经济效应是由高速铁路的商品属性和公共产品属性共同决定的，不论从哪个方面来看，高速铁路修建最终带来的是经济快速发展。高速铁路的投资效应会直接带来产出的增加，带动相关产业的发展。但投资并不总是起到积极作用，投资乘数在某些时段会低于1，说明投资会通过"挤出效应"带来相反作用，因此不能过分夸大"乘数效应"的作用。

对高速铁路经济效应的研究，更多集中在对高速铁路外部经济性的研究。即使高速铁路修建在短时期内会造成不利影响，从长远来看，交通的便利、时间机会成本的节约、可达性的提高为高铁地区经济发展带来了新的机遇。按照新经济地理的中心—外围原理，经济发展过程中集聚作用与分散作用同时存在。对于经济发达地区，要抓住高速铁路修建的良好时机，进一步推动产业发展和结构调整；而对欠发达地区来说，通过与发达地区经济联系的日趋紧密，适时发展地区经济，实现经济的跨越式发展；同时，在承接东部地区产业转移的过程中，也要有所选择，按照可持续发展的思路发展本地经济。

第三章

高速铁路经济效应产生的理论基础

第一节　中心—外围理论

本书所进行的研究主要基于新经济地理的中心—外围（core-periphery theory）理论，这一理论最早由阿根廷经济学家普雷维什（1949）提出，弗里德曼（1966）在其专著《区域发展政策》中引入该模型，任何区域的空间系统都可以看作是中心和外围两个空间子系统组成。在区域经济的增长过程中，空间子系统的边界将发生变化，并且使空间关系重新进行组合。这种过程将按照一定的秩序进行，直到实现全国经济的完全一体化。之后，克鲁格曼（1991）运用垄断竞争模型（Dixit et al. , 1977）对这一理论进行了进一步研究。该模型解释了产生中心—外围经济格局的原因，其中运输费用起到了重要作用。但是，经济集聚还是分散是"向心力"与"离心力"共同作用的结果，当"向心力"占主导时，集聚成为发展趋势；而当"离心力"占主导时，分散成为必然趋势。克鲁格曼指出，在运输成本下降之后，有利于集聚经济的巩固和发展，但是如果运输成本继续下降，将有可能带来经济的分散化发展，带来经济一体化趋势。

一、克鲁格曼（C-P）模型的主要内容

克鲁格曼的新经济地理开篇之作，描述了一个中心—外围模型，该模型解释了为何有的地区发展成为城市中心，有的地区却沦为农业外围。

（一）模型基本假定

（1）两个地区两个部门：两个地区分别是地区1和地区2，两个部门分别是制造业部门和农业部门。

（2）农业部门劳动力不能流动，而且在两个地区平均分配；制造业部门劳动力可以自由流动。

（3）农产品市场是完全竞争市场，制造业部门是垄断竞争市场。

（4）农业部门规模报酬不变，制造业部门规模报酬递增。

（5）农产品的运输不存在成本，制造业产品运输存在"冰山成本"①。

（二）消费者问题

消费者的效用函数为：

$$U = C_M^\mu C_A^{1-\mu} \tag{3.1}$$

其中，U 表示消费者效用，C_M 表示制造业部门产品的消费量，C_A 表示农产品的消费量。

此外：

---

① "冰山成本"是指工业产品从地区1运输到地区2会产生一定的损耗，导致最终运输到地区2的产品减少。体现了运输成本的存在，使得最终产品价格的升高。

$$C_M = \Big[\sum_{i=1}^{N} C_i^{(\sigma-1)/\sigma} \Big]^{\sigma/(\sigma-1)} \qquad (3.2)$$

其中 $\sigma > 1$。

（三）生产者问题

由于：

$$L_1 + L_2 = \mu, \qquad (3.3)$$

$$L_{Mi} = \alpha + \beta x_i, \qquad (3.4)$$

其中，L_1 表示地区 1 从事制造业劳动的工人数量，同理，L_2 表示地区 2 从事制造业劳动的工人数量。两者相加等于 μ。L_{Mi} 表示生产产品 i 的劳动力数量，x_i 是产出量。

根据上述条件，典型厂商在地区 1 的最优价格选择为：

$$P_1 = \Big[\frac{\sigma}{\sigma - 1} \Big] \beta w_1 \qquad (3.5)$$

其中，P_1 是地区 1 的均衡价格，w_1 是地区 1 的工资率。

同理，地区 2 也采取同样的价格方案，可得：

$$P_2 = \Big[\frac{\sigma}{\sigma - 1} \Big] \beta w_2 \qquad (3.6)$$

因此，两地区的价格与工资之间的关系是：

$$\frac{P_1}{P_2} = \frac{w_1}{w_2} \qquad (3.7)$$

文中假设制造业的市场结构为垄断竞争，因此，其他厂商可以自由进入，在这种情况下，厂商只能获得 0 利润。

也就是说：

$$\pi = P_1 x_1 - w_1 L_{M_1} = 0 \qquad (3.8)$$

那么，将式（3.4）代入式（3.8），可得：

$$(P_1 - w_1 \beta) x_1 = \alpha w_1 \qquad (3.9)$$

也就是说：

$$x_1 = x_2 = \frac{\alpha(\sigma - 1)}{\beta} \tag{3.10}$$

可以看到，每个区域生产的产品数量只与外生变量有关。区域生产的产品数量的比值可以表示成劳动力数量的比值：

$$\frac{n_1}{n_2} = \frac{L_1}{L_2} \tag{3.11}$$

（四）短期均衡

c_{11} 表示产品 1 在区域 1 的需求量，c_{12} 表示产品 1 在区域 2 的需求量。由于产品 1 在区域 1 消费不存在运输费用，产品 1 在区域 2 消费存在运输费用，设运输费用为"冰山成本"τ，那么区域 1 和区域 2 的相对需求是：

$$\frac{c_{11}}{c_{12}} = \left(\frac{P_{1\tau}}{P_2}\right)^{-\sigma} = \left(\frac{w_{1\tau}}{w_2}\right)^{-\sigma} \tag{3.12}$$

设 z_{11} 是花费在本地产品和外地产品费用的比值，那么 z_{11} 就可以表示为本地产品种类、价格和消费量的乘积比外地产品种类、价格和消费量的乘积，根据式（3.11）以及式（3.12），可知：

$$z_{11} = \left(\frac{n_1}{n_2}\right)\left(\frac{P_1\tau}{P_2}\right)\left(\frac{C_{11}}{C_{12}}\right) = \left(\frac{L_1}{L_2}\right)\left(\frac{w_{1\tau}}{w_2}\right)^{-(\sigma-1)} \tag{3.13}$$

同理，用 z_{12} 表示地区 2 花费在外地产品和本地产品的费用的比值，那么：

$$z_{12} = \left(\frac{L_1}{L_2}\right)\left(\frac{w_1}{w_2\tau}\right)^{-(\sigma-1)} \tag{3.14}$$

用 Y_1 和 Y_2 表示地区 1 和地区 2 的收入，那么，地区 1 的工业产出被两个地区的消费者消费，地区 2 的工业产出也被两个地区的消费者消费，农产品只在当地消费，可知两个地区工人的收入是：

$$w_1 L_1 = \mu\left[\left(\frac{z_{11}}{1+z_{11}}\right)Y_1 + \left(\frac{z_{12}}{1+z_{12}}\right)Y_2\right] \tag{3.15}$$

同理，
$$w_2 L_2 = \mu \left[\left(\frac{1}{1+z_{11}} \right) Y_1 + \left(\frac{1}{1+z_{12}} \right) Y_2 \right] \tag{3.16}$$

式（3.15）的含义就是地区 1 工人的工资收入是由两个区域消费的产品 1 决定的，式（3.16）表示地区 2 工人的工资收入是由两个区域消费的产品 2 决定的。

此外，每个区域居民的收入与该地区的劳动力数量相一致，设单位农业劳动力收入为 1，则：

$$Y_1 = \frac{1-\mu}{2} + w_1 L_1 \tag{3.17}$$

$$Y_2 = \frac{1-\mu}{2} + w_2 L_2 \tag{3.18}$$

由式（3.13）~式（3.18）联立，可得到两个区域的工资率和劳动力数量。

可以看出，国内市场的大小会影响工资的高低，制造业劳动力越多，市场越大，工资率越高；制造业劳动力越少，市场越小，工资率越低。

（五）长期均衡

从长期来看，工人更加关注实际工资而不是名义工资。市场较大、人数较多的区域，因为生产能力较强，因此工业品价格也较低。设 $f = L_1/\mu$，即制造业劳动力在区域 1 的比重，那么地区 1 和地区 2 工业品的真实价格指数分别为：

$$P_1 = \left[f w_1^{-(\sigma-1)} + (1-f) \left(\frac{w_2}{\tau} \right)^{-(\sigma-1)} \right]^{-1/(\sigma-1)} \tag{3.19}$$

$$P_2 = \left[f \left(\frac{w_1}{\tau} \right)^{-(\sigma-1)} + (1-f) w_2^{-(\sigma-1)} \right]^{-1/(\sigma-1)} \tag{3.20}$$

而工人的实际工资是：

$$\omega_1 = w_1 P_1^{-\mu} \tag{3.21}$$

$$\omega_2 = w_2 P_2^{-\mu} \tag{3.22}$$

由式（3.21）和式（3.22）可知，$\dfrac{\omega_1}{\omega_2}$是 f 的函数，随着 f 的变化，两地区实际工资比值也发生变化。此外，工业品消费占总消费的份额 μ 和运输成本 τ 也会对相对实际工资变化产生影响。

二、制造业集中的必要条件

（一）初步模拟

将模型参数赋值，其中 $\sigma = 4$，$\mu = 0.3$；运输成本分两种情况：分别是运输成本较高时，$\tau = 0.5$；运输成本较低时，$\tau = 0.75$。那么，模拟的结果如图 3 – 1 所示。

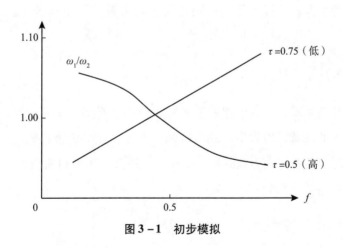

图 3 – 1　初步模拟

从模拟的结果可以看出，当运输成本较高时，地区相对工资率会随着地区 1 工人（f）所占比重的增加而减少。当运输成本较低的时候，地区相对工资率会随着地区 1 工人所占比重（f）的增加而增加。因此，工人的流动、运输成本与实际工资的相对变动密切相关。

（二）工业品消费份额、运输成本及替代弹性对集聚的影响

该模型的均衡结果，受到三个主要变量的影响，分别是工业品消费占总消费的份额（μ），运输成本的大小（τ）以及产品之间的替代弹性（σ）。

假设目前地区 1 是工业聚集区，地区 2 是相对边缘地区。所有制造企业都聚集在地区 1。μ 表示收入花在了制造业产品上的份额，那么：

$$\frac{Y_2}{Y_1} = \frac{1-\mu}{1+\mu} \tag{3.23}$$

设 n 是地区 1 所有制造企业的数量，每一个企业的销售的额度为：

$$V_1 = \frac{\mu}{n}(Y_1 + Y_2) \tag{3.24}$$

但是如果有个企业在地区 2 设立（这家企业被称为"叛逃者"），那么，这家企业在区域 2 能够获利的条件是什么？

1. μ 对集聚的影响

首先，"叛逃"企业需要给予工人较高的工资，工人才愿意在地区 2 工作。也就是其工资要对地区 2 所有产品都需要进口进行补偿，那么地区 2 的工资水平为：

$$\frac{w_2}{w_1} = \left(\frac{1}{\tau}\right)^{\mu} \tag{3.25}$$

"叛逃"企业的销售量是在地区 1 和地区 2 销售量的总和，其中 n 是所有制造企业的数量，即：

$$V_2 = \left(\frac{\mu}{n}\right)\left[\left(\frac{w_2}{w_1\tau}\right)^{-(\sigma-1)}Y_1 + \left(\frac{w_2\tau}{w_1}\right)^{-(\sigma-1)}Y_2\right] \tag{3.26}$$

那么，"叛逃"公司与地区 1（集聚区）销售量的比值为：

$$\frac{V_2}{V_1} = \frac{1}{2}\tau^{\mu(\sigma-1)}\left[(1+\mu)\tau^{\sigma-1} + (1-\mu)\tau^{-(\sigma-1)}\right] \tag{3.27}$$

式（3.27）还可以写为：

$$\frac{V_2}{V_1} = \frac{1}{2} \times \frac{\tau^{\mu\sigma}}{\tau^{\mu}}\left[(1+\mu)\tau^{\sigma-1} + (1-\mu)\tau^{-(\sigma-1)}\right] \tag{3.28}$$

从式（3.28）可以看出，只要 $\frac{V_2}{V_1} > 1$，"叛逃"公司就可以获利。其实不然，因为"叛逃"公司面临比地区 1 更高的劳动力成本，因此，实际上，$\frac{V_2}{V_1} > \frac{w_1}{w_2} = \tau^{-\mu}$，才能真正地有利可图，设：

$$v = \frac{1}{2}\tau^{\mu\sigma}\left[(1+\mu)\tau^{\sigma-1} + (1-\mu)\tau^{-(\sigma-1)}\right] \tag{3.29}$$

即：$v > 1$ 时，在地区 2 设厂（"叛逃"）有利可图；反之，则无利可图。

通过式（3.29），可以得出 v 和各个参数的关系。其中 $\frac{\partial v}{\partial \mu} < 0$，可知，花费在工业品上的份额越大，$v$ 越小，"叛逃"企业在地区 2 设立越无利可图。

2. τ 对集聚的影响

下面再来看运输成本 τ，当 $\tau = 1$ 时，$v = 1$，此时，运输成本对企业设立不造成影响，因为运费为 0[①]。而当 τ 很小时（就是运费很高），v 趋近于 $(1-\mu)\tau^{1-\sigma(1-\mu)}$，在 σ 很小或者 μ 非常大的时候，v 才能超过 1，这些情况都是很少见的。在此，计算 v 对运费 τ 的偏导数，可知：$\frac{\partial v}{\partial \tau} > 0$。

---

① 因为 τ 的含义就是商品从一个地区运输到另外一个地区后，剩余商品的比重。$\tau = 1$ 就是说，商品全部运输到目的地，等于不存在任何损耗，按照"冰山成本"的含义，也就是不存在运费。

若 $\sigma = 4$，$\mu = 0.3$，那么 v 与运费 τ 之间的关系如图 3 - 2 所示，当 τ 较小时（运费较大），$v > 1$，此时在地区 2 建厂有利可图；当 τ 较大时（运费较小），$v < 1$，此时在地区 2 建厂无利可图，也就是说集聚经济产生。这种情况可以理解为，运费较大时，各个地区均处于封闭状态，在各自的地区建厂可以获得相应的高利润或者垄断利润。但是随着运费的降低，各个地区的封闭状态被打破，于是，地区企业之间展开竞争，利润被压低，集中在一个地区生产更能实现规模经济，而且较低的运费对企业向另外一个地区销售产品也会有利可图。

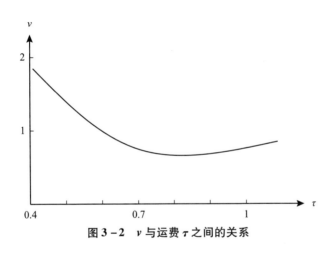

图 3 - 2 v 与运费 τ 之间的关系

但是当 $\sigma(1 - \mu) < 1$ 时，无论 τ 多么小（也就是运费多高），$v < 1$。即规模经济或者说制造业产品消费比重较高，会使在地区 2 设厂不经济。也就是说，在这种情况下，即使运费很高，也不会产生分散效应，制造业企业会在地区 1 集聚。

3. σ 对集聚的影响

由式（3.29）求 v 与 σ 的关系，可得：

$$\frac{\partial v}{\partial \sigma} = \ln(\tau)\left(\frac{\tau}{\sigma}\right)\left(\frac{\partial v}{\partial \tau}\right) \tag{3.30}$$

$\frac{\partial v}{\partial \tau} < 0$（在一定范围内），因此$\frac{\partial v}{\partial \sigma} > 0$。也就是说，替代弹性越高，区域的集中效应越强。也就是说，企业之间产品的可替代性越强，竞争越激烈，导致企业越趋于集中化生产。

4. 参数之间的关系

设σ不变，可以得到τ与μ之间的关系；而当μ不变时，可以得到τ与σ之间的关系。

即：$\frac{\partial \tau}{\partial \mu} = -\frac{\partial v/\partial \mu}{\partial v/\partial \tau} < 0$，以及$\frac{\partial \tau}{\partial \sigma} = -\frac{\dfrac{\partial v}{\partial \mu}}{\dfrac{\partial v}{\partial \tau}} > 0$。图 3-3 展现了$\sigma = 4$和$\sigma = 10$的情况下，$\mu$和$\tau$的关系。

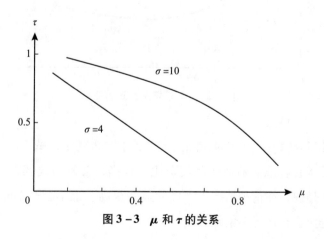

图 3-3　μ和τ的关系

通过上述分析可知，较低的运输成本、较高的工业品消费比重、规模经济可以带来区域经济集聚。

克鲁格曼（1998）也指出，随着运输成本的进一步降低，经济出现聚集还是分散要看这两种作用的相对力量。当分散力量占主导时，企业将不必在聚集区域进行生产，经济集聚的主要影响因素见表3－1。本书在研究过程中发现，由于高速铁路的建设，导致高素质劳动力向西部地区流动的趋势，并带来中西部地区知识密集型产业的发展，正是受分散作用的影响。

表3－1　　　　　　　　　　经济集聚的主要影响因素

向心力因素（集聚）	离心力因素（分散）
市场规模影响（关联效应）	迁移因素
密集劳动力市场	地租
外部经济	外部不经济

资料来源：P. Krugman. What's new about the new economic geography? ［J］. Oxford review of economic policy，1998（2）：7－17.

第二节　其他重要经济理论

一、外部经济理论

外部经济，最早是由马歇尔在其《经济学原理》中提出的。马歇尔认为，因任何一种货物的生产规模扩大而发生的经济分为两类，一是有赖于这工业的一般发达的经济；二是有赖于从事这工业的个别企业的资源、组织和经营效率的经济。可称前者为外部经济，后者为内部经济。从马歇尔对内部经济的论述中可知，内部经济其实就是企业内部的各种费用的节约带来的利润增加；而外部经济则是企业外部的各种因素导致的成本减少。马歇尔认为，在现实中，有很多同类工业企业聚集在同一个区域内，最初可能由于该地区特有的自然资源和环境，可能是统治阶级的政策鼓励，也可能是某个偶然的因素，使得该产业在这一地区聚集。而之后，聚集与产业性质及劳动力分布有关，地租也是影响工业分布的重要因素。此外，马歇尔认为现代交通工具（铁路）和通信技术（电报）的发展对工业的聚集也起到了推动作用。工业组织的聚集有利于知识和技术的传递，"行业秘密也不再是秘密，……孩子们不知不觉也学到了很多秘密"①，这些正是经济组织外部经济的体现。

外部经济理论是现代西方经济学的重要理论，根据马歇尔的描述，可以理解为一种经济力量对于另一种经济力量的"非市场性的"附带影响，是经济力量相互作用的结果，好的作用称为外部经济，不好的作用称为外部不经济。导致外部经济的因素有：某些生产要素价格的下降，或某些生产要素物质生产率的提高。高速铁路可以节省时间机会成本，有利于企业劳动力要素总体成本的节约；作为通勤交通工具，其舒适快捷，可以提高劳动效率，最终带来产出的增加。因此，高速铁路既可以带来要素成本的节约，又可以提高劳动效率。其意义超越了高速铁路投资建设带来的直接经济效益，是本书研究的重要理论基础。

二、竞合理论

竞合（coopetition）是指两个或以上企业（或组织）之间在一些活动中进行合作，同时又在另一些活动中展开竞争（刘衡等，2009）。自由竞争是早期资本主义的重要特征，资本主义经济学也强调竞争的重要性，竞争带来"优胜劣汰"，保护竞争可以带来社会福利的增加。随着

---

① 马歇尔. 经济学原理（上卷）[M]. 北京：商务印书馆，1964：284.

经济的发展，人们开始重新认识企业之间的关系。具有前向或者后向关联的企业可以结成"战略联盟"，进行"战略合作"，共同抵御竞争对手的竞争，这种战略联盟往往结成一个完整的价值系统，在价值系统上的企业成为"命运共同体"，体现了企业之间一种新型的合作关系，其目标就是实现整个系统的利益最大化。除了具有前向和后向关联关系的企业以外，竞争对手之间也存在竞争和合作关系。沈巧伟等（Qiaowei Shen et al.，2014）通过对麦当劳和肯德基在中国发展历程的研究发现，麦当劳和肯德基更像是一种合作关系而非竞争关系。麦当劳作为最先进入中国市场的西方快餐品牌，有助于肯德基了解中国消费者的口味，促进消费需求，因此，麦当劳在中国的扩张对肯德基是正的外部效应。这一结果充分说明同一类型的竞争企业之间客观上也存在合作的基础。

博弈论中的囚徒困境及无限次重复博弈似乎也给出了答案。囚徒困境揭示了集体理性和个人理性之间的矛盾，集体理性似乎才能实现利益最大化。而无限次重复博弈的结果也证明了，针锋相对的背离策略不如相互合作更加有利（刘凤元等，2013；李东新等，2024），为同类型企业之间的合作提供了合理解释。企业之间由单纯的竞争或者单纯的合作转变为竞合关系，可以通过合作以弥补自身资源不足、分割市场及收益以达到利益均沾。但是这种联盟往往又是不稳定的，经常会导致成员之间利益分配不均。

本书对高速铁路所带来的竞争效应也进行了一定的研究，高速铁路与航空运输有着一定的替代关系，我国某些线路的航空客运因为高速铁路的巨大冲击陷入经营困境，但在中部地区，铁路与航空运输是互补关系而非竞争关系。就目前我国交通基础设施发展的情况来看，任何一种交通运输服务都无法完全满足整个市场的需要，任何一种交通运输方式都是整个交通运输体系的一部分，因此，空铁竞争变为空铁竞合更能满足目前的市场需求，更好地为经济和社会发展服务。

三、总部经济理论

总部经济是随着经济全球化的发展而出现的一种经济形态，属于区域经济学的研究范畴。在我国，总部经济的概念最早是由赵弘（2003）提出，他认为，总部经济指某一个区域因为某些特有的条件吸引跨国公司在本地聚集，将生产基地通过各种形式安排在成本较低的周边地区，从而形成合理的价值链分工的经济活动的统称。有的学者则认为总部经济是一种高级服务业，由于部分解决了微观经济学中信息不对称的问题，因此在现实中得到了迅速发展。总部就像企业的"大脑"，负责企业战略研究和实施以及交易协调和资源配置，不直接对下属企业的经营管理进行干预，但是通过整体的布局，可以使企业以较低的成本获得中心城市的战略资源和周边地区的常规资源，使整个企业集团的利益最大化（陈建成，2008）。

企业总部在经济发达的中心城市聚集，从根本上说，也是外部经济的体现。中心城市往往是地区政治、经济和文化中心，基础设施比较完备，并且也是各类人才的聚集区，企业在此聚集除了可以获得战略资源以外，他们之间也会产生正的外部效应，发挥各种资源的溢出效应。总部建立以后，会将企业的生产部门设立在周边地区，对周边地区的发展起到带动作用（赵丽娜，2015）。目前，企业总部的选址也呈现新的变化，如1990～2000年美国最大的五个城市总部占有率有所下降，而中等城市发展迅速，呈现了"梯度转移"的态势。出现这种趋势的原因可能是中心城市外部经济性降低、拥挤成本提高等（张丽丽，2011）。

知识、技术和信息是总部经济发展的基础，需求多样化对企业的生产也提出了更高的要求，企业需要加快产品的更新换代，为更快、更准确地了解消费者需求、快速适应市场变化采取更加灵活的组织形态。知识、信息和技术的快速传播使得企业部门之间信息交换的成本降低，脑力劳动和体力劳动在企业内部进一步分离，高附加值、知识密集型的部门得以从企业中独立出来，重点进行决策和研发等工作。而在国际贸易领域，跨国企业在世界各地设立总部及研发中心。在这一过程中，发达国家同时对发展中国家进行产业转移，并且产业性质从劳动密集型逐渐向资本和技术密集型转变，这为经济相对落后地区发展高端产业带来了新的机遇。

我国东、中、西部之间经济发展呈现梯度转移的特点，东部地区的大型企业和跨国公司将依托总部对中西部地区进行产业转移，不但转移劳动密集型产业，还会进一步转移知识密集型产业，使得科技研发活动更接近产品市场。高速铁路成为打破区域隔离、解决东西部差距的催化剂，在这一过程中，西部地区将会获得更多利益，逐渐实现产业优化升级。

四、产业结构调整与优化理论

产业结构是指在社会分工体系中，国民经济各产业部门之间的构成和相互关系。产业结构量的方面，主要指各产业间及其内部在数量、规模上是否合乎比例；质的方面，主要指各产业之间及其内部在发展水平和经济效益上是否相互适应。与传统的经济增长理论不同的是，结构主义观点认为产业结构的高变换率与经济的高增长率成正比，资本和劳动从生产率较低的部门向生产率较高的部门转移能够加速经济增长。因此，在经济发展过程中要通过经济和政策手段推动产业结构的合理化和高度化[①]。一般产业结构演变有以下规律性：从第一产业主导到第二产业主导，再到第三产业主导，而各个产业的内部结构也发生着变化。如第二产业内部，从资源结构变动的情况来看，产业结构沿着劳动密集型

---

① 产业结构优化包括产业结构合理化和高度化，产业结构高度化也叫作产业结构升级。

—资本密集型—知识（技术）密集型产业方向发展，而且各个发展阶段是不可逾越的，但可以缩短（苏东水，2010）。

干春晖等（2011）认为，30 年来，中国产业结构的变化与经济增长有着密切关系，但是对经济增长的影响主要来源于产业结构的合理化，产业结构的高度化对经济增长的影响很小，也就是说第三产业如服务业等没有产生较强的经济能动性。因此，政府在推进产业结构合理化的同时也要注重产业结构的高度化。就本书的研究而言，高速铁路在推进我国产业结构合理化和高度化的过程中，也起到了重要作用。通过实证研究发现，高速铁路建设通过总部经济效应对我国中西部地区知识密集型产业的发展意义重大，特别是对小型知识密集型企业的发展和高科技人才在中西部地区集聚起到了积极作用。随着中西部地区知识密集型产业的发展，中西部地区也会加快产业结构的优化升级，促进中西部地区的经济增长。

五、产业发展理论

增长和发展含义不同。经济增长更多的是指一个国家人均收入和产出是增加。而经济发展往往指除了产出增加，还有经济结构的根本变化，包括生产结构和消费结构都在发生变化，经济发展更强调经济质的飞跃。因此，产业发展也不单单是指产出量的增加，还包括产业质的变化。新增长理论（Romer，1986）认为知识会产生溢出效应，实现经济的边际收益递增。新经济增长理论在实证研究中得到了部分验证。美国哈佛大学经济学家罗伯特·巴罗等在实证研究中利用罗默的理论和研究方法比较了不同国家的经济增长率，统计分析显示该理论是有效的。这项研究得出的结论是：正是由于缺乏人力资本（即教育），而不是由于缺乏物质资本投资，才阻碍了穷国赶上富国，因此知识和技术在一国经济发展中的作用越来越重要（白钦先等，2006），在产业发展的过程中，要充分重视知识和技术在产业发展中的作用。

目前，产业发展呈现产业集聚化、产业融合化以及产业生态化等发展趋势（苏东水，2010）。产业集聚体现了"外部经济性"的重要作用；产业融合离不开高新技术对各个产业的渗透，使产业界限变得模糊；产业生态化又体现了可持续发展的重要理念。高速铁路的发展降低了城市工业企业污染排放，有助于城市经济绿色转型（孙鹏博等，2021）。本书对高速铁路的研究，落脚点也正是高速铁路对产业发展的影响。高速铁路影响了我国知识密集型产业的发展，知识密集型产业从根本上符合产业生态化发展的要求；而高速铁路本身比其他运输方式更加节省能源，也符合产业生态化的要求。可持续发展应是各地区产业发展的指导思想和原则。

第四章

铁路与高速铁路发展历程

第一节　铁路运输速度的演变及高速铁路概念界定

一、铁路列车速度的演变

（一）蒸汽机车和内燃机车

火车刚刚出现的时候，使用蒸汽作为动力，被称作蒸汽机车，时速只有 6 千米左右。1825 年 9 月 27 日，由英国发明家史蒂芬孙设计并制造的世界上第一台商用蒸汽机车，牵引 30 余节车厢（450 名旅客乘坐），从达灵顿（Darlington）驶到斯托克顿（Stockton），铁路运输事业从此诞生。之后，史蒂芬孙对蒸汽火车进行改进，1840 年由史蒂芬孙发明的第一台真正的蒸汽火车诞生，空载时速可达 20 千米。随着蒸汽机车的发展，最高时速可达 200 千米左右。①

---

① 高铁见闻. 高铁风云录［M］. 长沙：湖南文艺出版社，2015：22 – 73.

20 世纪初，国外开始探索试制内燃机车。1924 年，苏联制成一台电力传动内燃机车，并交付铁路使用。同年，德国用柴油机和空压机配接，利用柴油机排气余热加热压缩空气代替蒸汽，将蒸汽机车改装成为空气传动内燃机车。1925 年，美国将一台 220 千瓦电传动内燃机车投入运用，从事调车作业。[①] 20 世纪 30 年代前后，内燃机车发展起来。其热效率比蒸汽机车高三四倍，功率大，便于多台机车联合牵引，时速可达 140 ~ 160 千米，同时比电力牵引所需基建投资少，容易普及。因此，内燃机车与电力机车出现的时间相近，但是在此之后的很多年，铁路交通中内燃机车发展更快。[②]

（二）电力机车

1835 年，荷兰的斯特拉廷和贝克尔两人就试制以电池供电的二轴小型铁路车辆。1842 年，苏格兰人 R. 戴维森首先造出一台用 40 组电池供电的重 5 吨的标准轨距电力机车。1879 年，德国人维尔纳·冯·西门子驾驶一辆他设计的小型电力机车，拖着乘坐 18 人的三辆车，在柏林夏季展览会上表演。机车电源由外部 150 伏直流发电机供应，通过两轨道中间绝缘的第三轨向机车输电，时速达 12 千米。这是电力机车首次成功的实验。电力机车比蒸汽车利用能源的效率高，功率大，启动快，运载能力强。电力机车的出现，大大提高了铁路运输的速度。电力机车用于营业从地下铁道开始，1890 年，英国伦敦首先用电力机车在地下铁道上牵引车辆。1895 年，干线电力机车应用于美国巴尔的摩铁路隧道区段，采用 675 伏直流电。19 世纪末，德国对交流电力机车进行了试验，1903 年，德国三相交流电力机车创造了每小时 210. 2 千米的高速纪录（高铁见闻，2015）。随着电力的普及，到 20 世纪 50 年代，

① 《中国大百科全书》编委会. 中国大百科全书·交通 ［M］. 北京：中国大百科全书出版社，1986：15.

② 高铁见闻. 高铁风云录 ［M］. 长沙：湖南文艺出版社，2015：75 – 76.

欧美各国铁路上的蒸汽机车已逐渐为内燃机和电力机车所取代。

二、高速铁路概念的界定

(一) 一般观点

对高速列车的认识有着不同的观点。有人认为列车时速超过 160 千米是高速列车，因为从技术上说，时速 160 千米是列车速度提升的一个重要的界限，如果时速达到 160 千米，则 200 千米时速将成为可能。而有人认为列车时速达到 200 千米才能称为高速列车。20 世纪 30 年代，旅客列车的行车速度可达到每小时 100 千米，最高达每小时 140～160 千米。一般通过一定的技术改造，原有列车速度可以得到一定的提升。第二次世界大战后，工业发达国家开始对高速铁路进行大量的实验研究。1964 年，日本建成世界上第一条最高时速达 210 千米的东海道新干线。此后，法国、英国、联邦德国等也开始进行高速铁路的建设，并分别于 1967 年、1976 年、1978 年相继建成最高时速达 200 千米的高速铁路线。从表 4－1 可以看出，高速铁路初期发展过程中，列车速度不断提升，到 1983 年，铁路列车速度可以达到 270 千米/小时。

表 4－1　　高速铁路发展初期世界各国铁路列车速度一览　　单位：千米/小时

年份	国家	列车名称	最高时速	运行时速
1933	德国	飞行汉堡号	160	125
1962	联邦德国	莱茵之金号	160	96
1964	日本	光号	210	129
1965	法国	密斯脱拉号	160	128
1965	日本	光号	210	163
1967	法国	卡皮托利号	200	141

年份	国家	列车名称	最高时速	运行时速
1971	法国	阿坤廷号	200	145
1974	英国	皇家苏格兰号	160	129
1975	联邦德国	罗兰德号	160	120
1976	英国	HST	200	131
1976	法国	阿坤廷号	200	151
1976	法国	勒坦达尔号	200	151
1978	联邦德国	宝石号	200	134
1979	英国	飞行苏格兰人号	200	137
1981	法国	TGV	260	169
1982	日本	山彦号	210	142
1982	日本	朝日号	210	135
1983	法国	TGV	270	213

资料来源:《中国大百科全书》编委会. 中国大百科全书–交通［M］. 北京:中国大百科全书出版社, 1986:136.

(二) 世界铁路联合会 (UIC) 及我国对高速铁路概念的界定

1. 世界铁路联合会 (UIC) 对高速铁路的界定①

世界铁路联合会 (International Union of Railways, 也译作国际铁路联盟) 成立于 1922 年 12 月,当时由包括日本和中国的 29 个国家的 51 个铁路机构参加,总部设在法国巴黎。该组织成立的目的是为了国际铁路交通利益,发展铁路建设,实现铁路建设标准化,并促进成员之间的国际合作,促进铁路运输技术的发展和环保性的提升。该组织一直由欧洲主导,由于欧洲代表着铁路发展的最高水平,其标准在国际上有很大

---

① 参照世界铁路联合会 (UIC) 网站信息整理:https://uic.org/passenger/highspeed/。

的影响。

国际铁路联合会对高速铁路的定义基于欧盟标准，认为，高速铁路分为路基和列车两大部分，经过升级改造的铁路线路时速可达 200 千米，新建铁路线路时速可达 250 千米，有些新建线路可达 300 千米/小时，同时，铁路基础设施与车辆具有兼容性，可以提供良好的客运服务。

2. 中国对高速铁路的界定

我国在高速铁路建设初期，没有对高速铁路进行明确的定义，基本沿用国际铁路联合会对高速铁路的定义。随着我国铁路事业的发展，2004 年 12 月 27 日发布的《铁路运输安全保护条例》也于 2014 年 1 月 1 日废止。

2013 年 7 月 24 日通过最新的《铁路安全管理条例》，目的是为了加强铁路运输安全管理，保障铁路运输安全和畅通，保护人身安全、财产安全。该条例涵盖铁路建设质量安全、铁路专用设备质量安全、铁路线路安全、铁路运营安全等方面，对铁路的安全生产进行约束。《铁路安全管理条例》的 107 条中明确规定："本条例所称高速铁路，是指设计开行时速 250 千米以上（含预留），并且初期运营时速 200 千米以上的客运列车专线铁路。"这也就意味着，我国在高速铁路发展初期所建设的某些铁路，因为没有达到 250 千米时速而不被认为是高速铁路。

第二节　高速铁路在国外的出现和发展

一、高速铁路技术的出现及在日本的发展

高速铁路技术的出现可以追溯到第二次世界大战前，由德国"西门

子"公司设计的电力机车在 1903 年就已突破 200 千米时速，中国铁路实验速度达到这一时速是在 1997 年。电力机车在 20 世纪初就体现了其高速的性能。但是电力机车需要强大的供电系统，它虽然比柴油机车出现得早，但短时间并没有得到普及，只是处于实验阶段。此后，全世界陷入第一次世界大战的泥潭之中，高速铁路技术在经过一段时间的发展后也处于停滞状态。战争结束后，德国曾在 1933 年建成柏林到汉堡的高速线路（见表 4 - 1），这条线路的建设时速可达 160 千米/小时，但是实际运行速度只有 125 千米/小时。德国的高速铁路技术成为后来日本发展高速铁路的技术基础。

高速列车技术虽然首先出现在欧洲，但将其发扬光大的国家却是日本。1964 年，在东京奥运会前夕，日本开通了当时时速最快的铁路线路—东海道新干线，起点为日本首都东京，终点大阪，全长 515 千米，最高时速 210 千米/小时。这一高速铁路在商业上取得了巨大的成功，开通两年后就实现了盈利，七年后就收回了全部投资。日本高速铁路在运营之初也经过了漫长的磨合期，从 20 世纪 70 年代到 80 年代，日本铁路部门对新干线进行了大面积技术改造和整修，才使得新干线运营稳定性得到了改进，之后偶尔也会出现脱线等小事故，但安全性不断提高。高速铁路发展初期，全世界只有日本先后于 1964 年和 1975 年建成了时速达 210 千米的高速铁路—东海道新干线和山阳新干线，总里程为1069 千米[1]。

日本高速铁路的建成，极大地促进了铁路沿线地区经济的发展，沿线地区成为日本钢铁产业、重化工产业的聚集区，人口也逐渐增加。这一时期，日本经济迅速发展，从 1964 年到 1968 年，日本国内生产总值以年均 16.7% 的速度增长，到 1968 年，国内生产总值达到 1466.01 亿美元，成为世界第二大经济体，而同时期，中国国内生产总值只有日本

---

① 世界铁路联合会（UIC），https：//uic. org/passenger/highspeed/。

的一半①。

从 1964 年开始，日本共研发了十几种高速电力机车车型，他们被分作两大家族，分别是在气候较为寒冷的东北地区行驶的东北家族列车和在气候相对温暖的南部地区行驶的东海道家族列车（见表 4 - 2 和表 4 - 3）。

表 4 - 2　　　　　　　　　　东海道家族列车参数

项目	0 系	100 系	300 系	500 系	700 系	800 系	N700 系
投入运营年份	1964	1985	1992	1997	1999	2004	2007
运营速度（千米/时）	210～220	230	270	300	285	260	300
总重量（吨）	967	851.8	710	688	708	276	715
最大编组定员（人）	1285	1285	1323	1324	1323	392	1323

资料来源：高铁见闻. 高铁风云录 ［M］. 长沙：湖南文艺出版社，2015：162.

表 4 - 3　　　　　　　　　　东北家族列车参数

项目	200 系	400 系	E1	E2	E3	E4	E5	E6	E7
投入运营年份	1982	1992	1994	1997	1997	1997	2011	2012	2014
运营速度（千米/时）	275	240	240	275	275	240	320	320	275
总重量（吨）	697	316	693	353	258	428	453	306.5	540
最大编组定员（人）	1285	399	1235	814	402	817	713	338	934

资料来源：高铁见闻. 高铁风云录 ［M］. 长沙：湖南文艺出版社，2015：163.

到 2021 年，日本高速铁路总建设里程为 3147 千米，年均运送旅客近 2 亿人次②。日本高速铁路在商业上的成功，极大地刺激了西欧国家，

---

① 根据世界银行统计数据计算：https：//data. worldbank. org/indicator/NY. GDP. MKTP. CD。
② 高铁见闻. 高铁风云录 ［M］. 长沙：湖南文艺出版社，2015：287.

自 20 世纪 60 年代起，欧洲国家也开始重视高速铁路技术的商业化，并开始大力发展自己的高速铁路。

二、高速铁路在欧洲的发展 *

（一）法国高速铁路

早在 1955 年，法国铁路已经实现了世界铁路最高速 331 千米/小时。在日本新干线建成的第二年，法国提出了 TGV（法国高速铁路）的设想，TGV（train à grande vitesse）是高速铁路的法语缩写。但直到 1981 年 9 月，法国才开通了欧洲第一条高速铁路。这条铁路联通法国首都巴黎和老工业基地里昂，全长 419 千米，时速可达 300 千米/小时，运行速度在 260 ~ 270 千米/小时之间。这一高速铁路的开通，对法国巴黎到里昂沿线地区的经济发展起到了积极作用。里昂作为法国的老工业基地，在高铁建成后，成为旅游目的地，商务活动也活跃起来，更多年轻人愿意到里昂地区工作。这一影响也辐射到了铁路沿线的其他地区。

此后，法国也建设了多条高铁线路。法国高速铁路在运营过程中取得了巨大的成功，改变了法国人的出行方式，旅客发送量逐年增长。到 2021 年，法国共建成 2735 千米高速线路，每年旅客发送量超过 8000 万人次。与此同时，法国的高速铁路技术也不断发展，运行时速不断提高，在 1990 年 5 月，法国 TGV – A 型高速列车创造了 515. 3 千米的最高时速；2007 年 4 月，法国 V150 试验列车曾跑出 574. 8 千米时速。法国高速铁路技术的发展，使得 TGV 型机车成为法国对外输出高铁技术的重要车型，为法国铁路厂商赚取了丰厚的利润。其中，中国也曾从法

---

* 世界铁路联合会（UIC），https：//uic. org/passenger/highspeed/。

国引进高速铁路技术①。值得一提的是，1995 年 5 月，英法之间的英吉利海峡隧道通车，法国 TGV – A 列车穿过隧道，直达伦敦。英吉利海峡隧道的建成，大大加强了法国与英国及欧洲其他国家的联系，加快了欧洲一体化的建成，具有重要的经济和政治意义，欧洲高速铁路的跨国线路也逐渐增多。

此外，法国还开发了双层高速列车，TGV Duplex 双层高速电动车组是第一代双层旅客高速列车，于 1996 年投入使用。之后法国阿尔斯通公司又开发了第二代双层列车（TGV Duplex Dasye）及第三代双层列车（Euroduplex，TOV Duplex Ouigo）。第三代双层列车时速可达 320 千米，按照欧盟要求设计，充分考虑了欧洲不同国家不同铁路建设技术的兼容性，并提高了列车的舒适度。双层高速列车比起单层高速列车载客量大大增加，可以在很大程度上降低票价，提高法国高速列车的竞争力。由于法国是欧洲地区率先建成高速铁路的国家，因此法国高速铁路建设标准也成为欧盟高速铁路建设技术标准（见表 4 – 4）。

表 4 – 4　　　　　　　　法国部分高速列车车型相关参数

项目	TGV PSE	TGV Postal	TGV Atlantique	TGV – TSMT	TGV Réseau	IRIS320	Thalys PBA	Thalys PBKA
投入运营年份	1981	1981	1989	1993	1993	1993	1996	1996
运行速度（千米/小时）	300	270	300	300	320	320	320	320
总重量（吨）	385	385	435	752	383	—	385	385
最大编组定员（人）	350	—	480	394	375	—	377	377

① 高铁见闻. 高铁风云录 [M]. 长沙：湖南文艺出版社，2015：287.

项目	TGV Duplex	TGV Réseau Duplex	TGV POS	TGV Duplex Dasye	TGV Duplex RGV2N2	TGV Duplex RGV2N2	E320
投入运营年份	1996	2006	2006	2009	2011	2011	2013
运行速度（千米/小时）	320	320	320	320	320	320	320
总重量（吨）	390	380	423	390	390	390	—
最大编组定员（人）	512	512	357	512	509	509	894

注：TVG 是法语超高速列车的简写，IRIS 意为法国阿尔斯通公司高铁车型，Thalys 意为大力士，是法国大力士高速铁路公司的名称，Duplex 意为双层列车。

资料来源：世界铁路联合会（UIC），https：//uic. org/passenger/highspeed。

（二）德国高速铁路

德国在第一次世界大战前就研制出了时速 200 千米的高速列车，1933 年还建成了一条时速达 160 千米的准高速铁路。但是德国认为铁路是夕阳产业（从 19 世纪初出现真正现代意义的铁路算起，铁路已经发展了近百年），并没有重视高速铁路技术的进一步发展。日本和法国建成的高速铁路极大地改变了德国政府对铁路的认识。20 世纪的 70 年代起，德国开始规划本国的高速铁路。德国第一条高速铁路福尔达至维尔兹堡高速铁路全长 90 千米，时速 280 千米，使用的是德国自行研制的 ICE1 型列车。之后，德国通过技术改进，开发了后续车型，使其适应不同的路段，其中包括 ICE2、ICE3、ICE4、ICE－T、ICE－T2 等，还研制了适应跨国线路的 ICE3M 车型。截至 2021 年，德国共建设了1631 千米高速线路。随着德国高速铁路技术的进步，ICE 车型也逐渐参与国际市场竞争，成为德国的高速列车著名品牌。

（三）意大利高速铁路

意大利修建高速铁路与法国几乎同时，但建设周期很长，经过 22 年，1992 年罗马至佛罗伦萨高速铁路才实现全线通车。这条铁路时速为 250 千米，车型为 ETR500。之后，意大利的高速铁路建设并未继续，而是总结经验，研究现有铁路性能，直到 2006 年，意大利才建成了第二条高速线路——罗马至那不勒斯高速铁路。这条铁路全长 220 千米，时速 300 千米。截至 2021 年，意大利共建成 921 千米高速线路。意大利高速铁路使用的车型主要是 ETR 系列，包括 ETR450、ETR460、ETR470 等，近年来还使用了最高时速可达 360 千米的 ETR1000 型列车。

（四）西班牙高速铁路

西班牙第一条高速铁路——马德里至塞维利亚高速铁路于 1992 年西班牙巴塞罗那奥运会开幕前建成通车。这条高速铁路全长 417 千米，时速 270 千米，引进的是法国第三代 TGV 列车技术，这一车型在西班牙被称作 AVE – S100，之后，西班牙不断对高速铁路机车进行发展改进，又研发了新的车型：S101、S102、S103 等，其中 S103 的时速可达 350 千米。到 2021 年，西班牙已经建成的高速铁路里程达到 3917 千米，也是除中国外高速铁路建设里程较多的国家之一①。

三、高速铁路在其他国家的发展情况

除了前文所介绍的欧洲正在运营的高速铁路之外，欧洲国家还有近

---

① 世界铁路联合会（UIC），https：//uic. org/passenger/highspeed。

3000 千米的高速铁路正在建设中，欧洲有些原来没有高速铁路的国家也正在规划本国的高速铁路。亚洲除了日本之外，中国高速铁路发展举世瞩目，此外亚洲的沙特阿拉伯、韩国、土耳其也拥有自己的高速铁路。世界各地高铁建设情况见表 4-5。

表 4-5　　　　　　　　　　世界高速铁路发展情况汇总

地区	运营中（千米）
非洲	186
亚太地区	44512
欧洲	12384
拉丁美洲	0
中东	1681
北美	735
合计	59498

资料来源：世界铁路联合会（UIC），https：//uic.org/passenger/highspeed。

值得一提的是，美国是世界上铁路里程最多，同时也是拆除铁路里程最多的国家。美国铁路早在 1916 年就已经达到 40.9 万千米的历史极值，此后，随着其他交通运输方式的发展，铁路运输的生存空间不断被压缩，美国人开始拆除铁路。如今，美国仍是世界上铁路里程最高的国家，拥有超过 20 万千米的铁路线路。但是，美国铁路很多线路年久失修，而且电气化铁路十分有限。美国的高速铁路计划进展也十分缓慢。目前，美国仅有一条铁路可以看作是高速铁路线路，就是"阿西乐号"（Acela）快速列车，时速可达 240 千米。这条铁路经过美国经济发达的东北走廊（North East Corridor），从华盛顿出发，经过纽约，到达波士顿，总里程为 362 千米。但是由于"阿西乐号"高速列车与其他列车共用线路，其运行速度受到极大影响，平均时速往往达不到 240 千米。美国目前有三条高速铁路线路仍处于长期规划中，分别是弗雷斯诺至贝克斯菲尔德、萨克拉曼多/旧金山到弗雷斯诺和贝克斯菲尔德至洛杉矶的高速线路，总里程约为 777 千米。

第三节　中国铁路及高速铁路发展历程

一、中国铁路发展概述

中国最早的铁路始建于 1865 年，是由英国人在北京修建的一条一千米长的展览铁路，这条铁路还不是真正的商业铁路。中国第一条商业运营铁路是始建于 1876 年的吴淞铁路（后称淞沪铁路），但是这条铁路后来被清政府赎回拆除。1881 年，清政府在自唐山至胥各庄间修建了一条长 9 千米的铁路①。至 1911 年，清政府共建成铁路 9100 千米，但绝大多数铁路都有外国参与，只有 1909 年建成通车的京张铁路是由中国人主持，利用中国自己的力量兴建的铁路②。从 1876 年到 1945 年这 70 年间，中国共有铁路 25523 千米，到 1949 年可以通车的铁路为 21989 千米③。

新中国成立之后，铁路事业迅速发展，铁路建设者在我国中西部地区修建了大量难度较大的铁路线路，对促进中西部地区经济建设和资源开发起到了重要作用。到 1978 年，我国共有铁路 5.17 万千米，但电气

---

① 谢彬. 中国铁道史［M］. 北京：知识产权出版社，2015：8.
② 谢彬. 中国铁道史［M］. 北京：知识产权出版社，2015：25 – 31.
③ 《中国大百科全书》编辑委员会. 中国大百科全书 – 交通［M］. 北京：中国大百科全书出版社，1986：467.

化铁路比重较低，仅有 0.1 万千米，占全部铁路的 1.93%；客运量为 8.15 亿人次，货运量为 11.0 亿吨，旅客周转量为 1093.2 亿人千米，货物周转量为 5345.2 亿吨千米[①]。

　　改革开放以后，中国的铁路事业蓬勃发展，到 1997 年铁路第一次大面积提速之前，我国铁路总里程达到 6.6 万千米；电气化铁路增加到 1.2 万千米，是 1978 年的 12 倍，占铁路总里程的 18.2%，铁路总体质量大大提高。同时，客运和货运量也呈不断上升趋势，1997 年，铁路客运量为 9.33 亿人次，货运量为 127.8 亿吨，旅客周转量为 3584.9 亿人千米，货物周转量为 13269.9 亿吨千米。客运量是改革开放初期的 5.22 倍，货运量是开放初期的 4 倍[②]。

　　从 1997 年 4 月 1 日零时开始，中国铁路经历了六次大面积提速，铁路运输速度不断提升。特别是 2004 年，中国首先引进了日本川崎重工、法国阿尔斯通和加拿大庞巴迪动车组技术。2005 年，又引进了德国西门子的高速列车技术。至 2007 年 4 月 18 日，中国进行了最后一次铁路列车大提速，并且出现了中国品牌的高速列车 "CRH" 动车组。经过六次大提速，中国铁路列车运行速度不断提升，并为中国开展高速铁路建设进行了技术积累。通过技术引进吸收，中国逐渐掌握了高速铁路的相关技术，并具备了自主研发能力。表 4-6、表 4-7 和图 4-1、图 4-2 展示了我国铁路自 1978 年至 2021 年的建设和运输情况。可以看到，到 2021 年，我国的电气化铁路里程为 11.07 万千米，超过全部铁路运营里程的七成。客运量和货运量整体呈不断上升的趋势。2020 年的新冠疫情对我国旅客运输造成重大影响，旅客运输量呈现断崖式下跌。

---

① 1979 年《中国统计年鉴》。

② 1998 年《中国统计年鉴》。

表 4 - 6 　　　　　　1978 ~ 2021 年中国铁路建设情况汇总　　　单位：千米

年份	铁路营业里程	电气化里程
1978	51700	1030
2000	68650	14864
2001	70057	17498
2002	71898	18115
2003	73002	18758
2004	74408	19303
2005	75438	20151
2006	77084	24433
2007	77966	25457
2008	79687	27555
2009	85518	35653
2010	91179	42464
2011	93250	46064
2012	97626	51029
2013	103145	55811
2014	111821	65217
2015	120970	74747
2016	123992	80310
2017	126969. 9	86553. 4
2018	131651. 3	92185. 1
2019	139926. 4	100446. 5
2020	146330. 4	106283. 5
2021	150739. 3	110761. 7

资料来源：历年《中国统计年鉴》。

表4-7　　　　　　　　我国铁路运输发展情况

年份	铁路客运量 （万人）	铁路旅客周转量 （亿人千米）	国家铁路货物发送量 （万吨）	国家铁路货物周转量 （百万吨千米）
1978	81491	1093.22	110119	5345.2
2000	105073	4532.6	165498	1333606
2001	105155	4766.82	178592	1424980
2002	105606	4969.38	186894	1507817
2003	97260	4788.61	199076	1632341
2004	111764	5712.17	216961	1810994
2005	115583	6061.96	230920	1934612
2006	125656	6622.12	244395	2032162
2007	135670	7216.31	261239	2185613
2008	146193	7778.6	273932	2336032
2009	152451	7878.89	276276	2335500
2010	167609	8762.18	308209	2562600
2011	186226	9612.29	328136	2729649
2012	189337	9812.33	322346	2692553
2013	210597	10595.62	321614	2670285
2014	230460	11241.85	306259.3	2493431
2015	253484	11960.6	270823.8	2146254
2016	281405	12579.29	265086.2	2125340
2017	308379	13456.92	291759.2	2407223
2018	337495	14146.58	318958.7	2578494
2019	366002	14706.64	343905.1	2699281
2020	220350	8266.19	358003	2738042
2021	261171	9567.81	—	—

资料来源：历年《中国统计年鉴》。

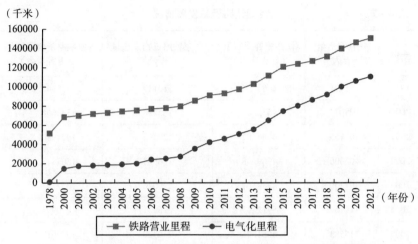

图 4-1　1978~2021 年我国铁路营业里程和电气化铁路里程演变

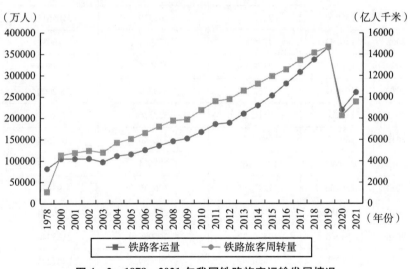

图 4-2　1978~2021 年我国铁路旅客运输发展情况

二、中国高速铁路的出现和发展

（一）初期争论

自 1964 年起，日本出现第一条高速铁路，我国也逐渐意识到发展高速铁路的必要性。20世纪80年代，中国各方在修建高速铁路的必要性上取得一致，但是具体细节还未拟定。20世纪80年代末，铁道部组织专家起草了《京沪高速铁路线路方案构想报告》，并于1990年12月完成，这是中国首次提出建设高速铁路计划①。自此，京沪高速铁路从提出构想到2008年4月开工建设，经过了长达18年的论证过程。

最初，在对京沪高铁是否建设的论证中分为"建设派"和"反建设派"。建设派认为中国应该尽快建设自己的高速铁路，而且随着经济发展，土地价格、人工成本会越来越高，导致越往后高速铁路造价越高。而反建设派认为国民人均收入比较低，大多数人无法负担高昂的出行费用，高铁建成后会亏损严重，得不偿失。但是，随着时间的推移，建设高速铁路成为共识。但是在建设什么类型的高速铁路上又分化成两派，分别是"磁悬浮派"和"轮轨派"②。为了验证两种技术的优劣，2001年3月1日在上海开工建设实验性的"磁悬浮"商业铁路，西起上海轨道交通2号线的龙阳路站，东至上海浦东国际机场，该线路全长29.863千米，是中德合作开发的世界第一条磁悬浮商运线。这条铁路线2003年1月4日正式开始商业运营，全程只需8分钟。这不到30千米的"磁悬浮"铁路，总投资约89亿元，每千米造价接近3亿元，造价较高。在运营过程中，"磁悬浮"铁路发生过蓄电池烧毁事故③。同时，在运营过程中，由于需求有限，票价较高，上座率很低，使这条线路长期处于巨额亏损当中。此时，似乎证实了"轮轨铁路"才是正确的选择。中国逐渐找到适合自己的高速铁路发展方式。

---

① 高铁见闻. 高铁风云录 [M]. 长沙：湖南文艺出版社，2015：237.

② 洪崇恩. 访何祚庥院士谈轮轨、磁浮之争 [J]. 新民周刊，2003 (31).

③ 夏叶，黎敏奇，左志坚. 上海磁悬浮失火原因分歧隐现—沪杭线再添变数 [N]. 21世纪经济报道，2006 - 8 - 24.

（二）建设发展

中国在发展高速铁路的初期，不但引进国外技术还进行消化吸收再创造。中国高速铁路后来的发展，也证实了当初的思路十分正确。

中国第一条真正意义的高速铁路是 2003 年开通运营的秦沈客运专线，但是这条铁路在其运营初期的运行速度只有 160 千米/小时，所以，按照最新的高速铁路概念界定，还算不上真正的高速铁路。但秦沈客运专线的建设对中国高速铁路的发展有着重要意义，高铁技术人员在这条铁路上使用了大量的新技术。按照国际铁路联合会对高速铁路的定义来看，秦沈客专属于高速铁路的范畴，在国际铁路联合会（UIC）对中国高速铁路的相关统计中，这条铁路也毫无疑问地被认定是中国的第一条高速铁路。

2004 年 1 月国务院常务会议讨论通过《中长期铁路网规划》，大大推动了我国高速铁路建设。2008 年 10 月国家又批准《中长期铁路网规划（2008 年调整）》，确定到 2020 年全国铁路营业里程达到 12 万千米以上，其中客运专线达到 1.6 万千米以上，复线率和电化率分别达到 50% 和 60% 以上。基本形成布局合理、结构清晰、功能完善、衔接顺畅的铁路网络，运输能力满足国民经济和社会发展需要，主要技术装备达到或接近国际先进水平，重点规划了"四纵四横"等客运专线以及经济发达和人口稠密地区城际客运系统。

"四纵"客运专线包括：（1）北京～上海客运专线，贯通京津至长江三角洲东部沿海经济发达地区；（2）北京～武汉～广州～深圳客运专线，连接华北和华南地区；（3）北京～沈阳～哈尔滨（大连）客运专线，连接东北和关内地区；（4）杭州～宁波～福州～深圳客运专线，连接长江、珠江三角洲和东南沿海地区。

"四横"客运专线包括：（1）徐州～郑州～兰州客运专线，连接西北和华东地区；（2）杭州～南昌～长沙客运专线，连接华中和华东地区；（3）青岛～石家庄～太原客运专线，连接华北和华东地区；（4）南京～武汉～重庆～成都客运专线，连接西南和华东地区。三个城际客运系统主要有：环渤海地区、长江三角洲地区、珠江三角洲地区城际客运系统，覆盖区域内主要城镇。

在发展高速铁路的过程中，中国高铁技术人员通过技术的引进吸收，逐渐掌握了高速铁路建造技术，并开发了自己的高速列车品牌"和谐号"（CRH）以及"复兴号"（CR）。截至2021年，中国高速铁路营业里程已达到40139千米，占铁路客运量的73.6%，占铁路客运周转量的63.4%，见表4-8和图4-3。

表4-8　　　　　　　　　中国高速铁路修建总体情况

年份	营业里程（千米）	占铁路营业里程比重（%）	客运量（万人）	占铁路客运量比重（%）	旅客周转量（亿人千米）	占铁路客运周转量比重（%）
2008	671.5	0.84	734	0.5	15.6	0.2
2009	2698.7	3.16	4651	3.1	162.2	2.1
2010	5133.4	5.63	13323	8	463.2	5.3
2011	6601	7.08	28552	15.8	1058.4	11
2012	9356	9.58	38815	20.5	1446.1	14.7
2013	11028	10.69	52962	25.1	2141.1	20.2
2014	16456	14.7	70378	30.5	2825	25.1
2015	19838	16.4	96139	37.9	3863.4	32.3
2016	22980	18.53	122128	43.4	4641	36.9
2017	25163.8	19.82	175215.5	56.82	5875.6	43.66
2018	29903.8	22.71	205430.5	60.87	6871.91	48.58
2019	35388.3	25.29	235832.6	64.43	7746.67	52.67
2020	37929.01	25.92	155707.4	70.66	4844.87	58.61
2021	40139	26.6	192236	73.6	6064.2	63.4

资料来源：《2022年中国统计年鉴》。

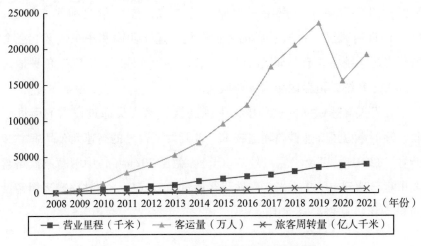

图 4 - 3　2008 ~ 2021 年我国高速铁路发展情况

（三）"八纵八横"高铁规划

2016 年 6 月 29 日召开的国务院常务会议上，原则通过了《中长期铁路网规划》，并于 2016 年 7 月 20 日由国家发展改革委正式发布。按照规划我国将打造以沿海、京沪等"八纵"通道和陆桥、沿江等"八横"通道为主干，城际铁路为补充的高速铁路网。此次出台《中长期铁路网规划》，可以被称作规划 2016 年版，是根据我国铁路实际情况，进一步修正了 2008 年版发展目标，增强铁路建设对经济发展的支撑作用。在计划公布的当年，全国铁路就完成固定资产投资 8015 亿元，投资相当巨大。2016 ~ 2023 年，全国铁路累计固定资产投资超过 6 万亿元①。到 2023 年年末，"八纵八横"铁路网已经建设完成 80%。

1. "八纵"通道

（1）沿海通道。大连（丹东）~ 秦皇岛 ~ 天津 ~ 东营 ~ 潍坊 ~ 青岛

---

① 数据来源：历年《铁路统计公报》。

（烟台）~连云港~盐城~南通~上海~宁波~福州~厦门~深圳~湛江~北海（防城港）高速铁路（其中青岛至盐城段利用青连、连盐铁路，南通至上海段利用沪通铁路），连接东部沿海地区，贯通京津冀、辽中南、山东半岛、东陇海、长三角、海峡西岸、珠三角、北部湾等城市群。

（2）京沪通道。北京~天津~济南~南京~上海（杭州）高速铁路，包括南京~杭州、蚌埠~合肥~杭州高速铁路，同时通过北京~天津~东营~潍坊~临沂~淮安~扬州~南通~上海高速铁路，连接华北、华东地区，贯通京津冀、长三角等城市群。

（3）京港（台）通道。北京~衡水~菏泽~商丘~阜阳~合肥（黄冈）~九江~南昌~赣州~深圳~香港（九龙）高速铁路；另一支线为合肥~福州~台北高速铁路，包括南昌~福州（莆田）铁路。连接华北、华中、华东、华南地区，贯通京津冀、长江中游、海峡西岸、珠三角等城市群。

（4）京哈~京港澳通道。哈尔滨~长春~沈阳~北京~石家庄~郑州~武汉~长沙~广州~深圳~香港高速铁路，包括广州~珠海~澳门高速铁路。连接东北、华北、华中、华南、港澳地区，贯通哈长、辽中南、京津冀、中原、长江中游、珠三角等城市群。

（5）呼南通道。呼和浩特~大同~太原~郑州~襄阳~常德~益阳~邵阳~永州~桂林~南宁高速铁路。连接华北、中原、华中、华南地区，贯通呼包鄂榆、山西中部、中原、长江中游、北部湾等城市群。

（6）京昆通道。北京~石家庄~太原~西安~成都（重庆）~昆明高速铁路，包括北京~张家口~大同~太原高速铁路。连接华北、西北、西南地区，贯通京津冀、太原、关中平原、成渝、滇中等城市群。

（7）包（银）海通道。包头~延安~西安~重庆~贵阳~南宁~湛江~海口（三亚）高速铁路，包括银川~西安以及海南环岛高速铁路。连接西北、西南、华南地区，贯通呼包鄂、宁夏沿黄、关中平原、成渝、黔中、北部湾等城市群。

（8）兰（西）广通道。兰州（西宁）～成都（重庆）～贵阳～广州高速铁路。连接西北、西南、华南地区，贯通兰西、成渝、黔中、珠三角等城市群。

2. "八横"通道

（1）绥满通道。绥芬河～牡丹江～哈尔滨～齐齐哈尔～海拉尔～满洲里高速铁路。连接黑龙江及蒙东地区。

（2）京兰通道。北京～呼和浩特～银川～兰州高速铁路。连接华北、西北地区，贯通京津冀、呼包鄂、宁夏沿黄、兰西等城市群。

（3）青银通道。青岛～济南～石家庄～太原～银川高速铁路（其中绥德至银川段利用太中银铁路）。连接华东、华北、西北地区，贯通山东半岛、京津冀、太原、宁夏沿黄等城市群。

（4）陆桥通道。连云港～徐州～郑州～西安～兰州～西宁～乌鲁木齐高速铁路。连接华东、华中、西北地区，贯通东陇海、中原、关中平原、兰西、天山北坡等城市群。

（5）沿江通道。上海～南京～合肥～武汉～重庆～成都高速铁路，包括南京～安庆～九江～武汉～宜昌～重庆、万州～达州～遂宁～成都高速铁路（其中成都至遂宁段利用达成铁路），连接华东、华中、西南地区，贯通长三角、长江中游、成渝等城市群。

（6）沪昆通道。上海～杭州～南昌～长沙～贵阳～昆明高速铁路。连接华东、华中、西南地区，贯通长三角、长江中游、黔中、滇中等城市群。

（7）厦渝通道。厦门～龙岩～赣州～长沙～常德～张家界～黔江～重庆高速铁路（其中厦门至赣州段利用龙厦铁路、赣龙铁路，常德至黔江段利用黔张常铁路）。连接海峡西岸、中南、西南地区，贯通海峡西岸、长江中游、成渝等城市群。

（8）广昆通道。广州～南宁～昆明高速铁路。连接华南、西南地区，贯通珠三角、北部湾、滇中等城市群。

3. "八纵八横"的建设意义

"八纵八横"铁路网建成，将会进一步满足人民群众的出行需要，进一步缓解交通运输供给不足的情况。这一铁路网的建成，不但会使我国的铁路交通速度得到进一步提升，其与其他交通运输方式的衔接也将会带动其他交通运输方式的发展。

"八纵八横"铁路网建设开始向西部地区倾斜，我国西部地区的铁路交通特别是高速铁路交通运输将会迎来崭新的发展阶段，西部地区交通运输设施的改善，必将改善西部地区的投资环境。特别是现在我国正在推进"一带一路"建设，这将是西部地区的重大发展机遇，对缩小东西部经济发展差距将起到重要作用。

"八纵八横"高速铁路网将进一步巩固原有的城市和城市群的地位，而多条铁路经过的地区将发展成为新的中心城市，带动周边城市的人口聚集和经济发展，如合肥、深圳、重庆、郑州、长沙、福州等城市将迎来新的发展机遇。

还有一点值得关注的是，高铁网络的建设将会进一步释放货运能力，促进物流业的大发展。因此，新的高速铁路网的建设对我国经济和社会发展将产生深远影响。

第五章

高速铁路建设的竞争效应
——高速铁路大发展背景下的铁路与民航竞合关系实证研究

　　建立起能带动整个国民经济发展的主导部门体系是经济发展的必备条件，交通基础设施是其中的重要组成部分。我国非常重视交通基础设施建设，新中国成立以来，特别是改革开放以来，我国公路里程、铁路里程还有机场数量都在快速增加，2008 年开始的大规模的高速铁路建设更是把我国的铁路建设推向高潮。短短十几年，我国从一个没有高速铁路的国家一跃成为高铁大国。截至 2023 年，我国高铁总里程达 4.5 万千米，稳居世界第一。与此同时，出于缓解交通压力以及国家发展战略的考虑，民航机场建设在这一期间也加快脚步，除了对原有的机场进行改扩建，军用机场改为军民合用或直接改为民用机场外，新的机场项目也在开工建设之中。2008~2022 年，我国民航局颁证的机场总数从 158 个增加到 254 个，增幅达 60.7%[①]。与某些高速铁路线路运营类似的是，我国大量的支线小机场亏损严重，靠巨额财政补贴维持营运。2022 年，国家对支线中小机场的财政补贴预算高达 21 亿元以上[②]。从我国经济发展阶段和交通运输的现状来看，目前的交通基础设施似乎还

---

① 根据 2008~2014 年我国民航局颁布的《全国机场生产统计公报》计算。
② 来自国家民航局《关于 2022 年民航中小机场补贴资金方案的公示》。

无法完全满足经济社会发展的需要。

纵观交通运输的发展历程可以看到，航空业的兴起曾经对蓬勃发展的铁路运输带来了致命的打击，但随着1964年第一条商业运营的高速铁路在日本建成，铁路运输又焕发新的活力；之后，欧洲也开始大力发展高速铁路，高速铁路反而成为欧洲航空客运的强劲对手。高速铁路时速较快，站点较多，乘坐方便舒适，但远距离运输劣势明显；航空客运在远距离运输中有着无可比拟的优势，但在"最后一千米"的问题上又需借助其他交通工具。因此，铁路客运和航空客运都既有优势也有劣势，无论哪一种交通运输方式都不能完全满足现实出行的需要。两者的关系更像是"竞合关系"，而不纯粹是"竞争关系"。

铁路和机场都是重要的交通基础设施，两者的有机结合，在很大程度上改善了居民的出行条件，降低了出行成本，我国高速铁路的发展也形成铁路与某些航线的竞争格局；欧盟国家促进高速铁路与航空运输之间竞合，发挥两者各自的优势（Moshe Givoni，2006）。因此，研究我国铁路建设对民航客运的影响，可以认清不同交通基础设施之间的关系，有助于实现不同交通运输方式的"无缝对接"，节约时间成本，更好地发挥现有交通基础设施的作用。此外，交通环境的改善，对于优化区域投资环境、凸显竞争优势、优化区域人才结构和产业结构也具有重要的意义。

第一节　文献回顾

目前对国外铁路与航空客运关系的研究主要集中在高速铁路与航空客运竞争关系的研究。1964年，日本建成世界上第一条高速铁路，并实现了良好的经济效益，成为世界高速铁路建设成功的范例，使得铁路这种被认为是"夕阳产业"的交通运输方式重新受到重视。1981 年，法国建成欧洲第一条高速铁路，截至 2023 年 10 月，欧洲各国共建设了 12384 千米的高速铁路①，铁路运输的新发展对欧洲航空客运产生了巨大影响，普遍认为，高速铁路的出现对所在地的航空客运产生不利影响，已开通的高铁线路对同样线路上飞机客流量影响巨大（Moshe Givoni et al.，2013）。实证方面，各国学者用不同的方法测算高速铁路对航空客运的影响程度。日本东京到大阪的高速铁路对 300 千米距离内的航空客运带来冲击，使得 300 千米以内的航班停运，300 千米以上的航班上座率也出现下降（Itow R，1975）。一般认为，高速铁路与航空运输在 500 千米至 1000 千米范围内展开竞争（Moshe Givoni，2006）。在 500 千米至 700 千米范围内，高速铁路和航空呈现高速铁路为主的寡头垄断市场结构；在 700 千米至 1000 千米范围内呈现高速铁路与航空垄断竞争的市场结构（林晓言等，2015）。欧洲高速铁路的出现对欧洲航空业也产生影响，从马德里到塞维利亚的线路上，32% 的高铁旅客是从航空旅客中转移而来（Vikerman，1997）。据欧洲科学与技术合作组织（COST）1998 年测算，欧洲高速铁路的发展会使航空客运量减少 50%。总之，高速铁路的投入使用最终导致西欧航空客运中的某些线路停止运行，仍在运行的一些线路航班数量也明显下降（Frederic Dobruszkes，2011）。此外，学者们也认为铁路与航空客运也有合作的空间，比如法国的铁路和航空企业进行合作，开展空铁联运，不仅方便旅客出行，在一定程度上也缓解了空中交通压力（Andrés López – Pita et al.，2003）。欧盟通过整合欧洲的铁路和航空资源，积极促进成员国铁路和航空部门的合作，最大程度地利用现有的铁路和航空资源，减轻高速铁路开通对航空客运的不利影响，特别是通过整合，还可以降低交通运输对环境的污染（Moshe Givoni，2006）。张琼等（2023）认为空铁联运能够促进

---

① 世界铁路联合会（UIC）统计数据，https：//uic. org/passenger/highspeed/。

我国区域经济发展。理论上，妮可·阿德勒等（Nicole Adler et al.，2010）通过博弈论方法（hotellin model），研究航空、低成本航空和高速铁路的社会福利，发现整个欧盟国家如果要实现社会福利最大化，应该大力发展高速铁路；同时，发展高速铁路要考虑环境污染、成本弥补等因素。

如今，高速铁路建设已经成为我国铁路运输的重要发展战略。我国高速铁路虽然出现的时间较晚，但发展速度快。中国的高速铁路发展呈现与欧洲、日本不同的特征。中国的高速铁路建设基本上是在国家主导下进行；中国目前居民的人均收入水平使得乘飞机出行还是较高消费行为，很多居民长途旅行更愿意乘坐火车出行；同时，相对于欧美发达的航空业来说，中国的民用航空业还缺乏竞争力，发展也不够充分。在这种情况下，高速铁路建设对中国民用航空业带来了不小的冲击。2009 年，武广客运专线通车后，广州至武汉的航空客流自 2009 年至 2011 年下降了 50%，航班架次也下降了 33%；同一时间，广州至长沙的航班客流及航班架次均下降了 67%（Moshe Givoni et al.，2013）。但高铁和航空各有自身的优势，付晓文等（Xiaowen Fu et al.，2012）通过大量的统计数据说明中国高速铁路具有成本和价格上的优势，航空客运不但成本高，而且对空气的污染更严重。王娇娥等（Wang Jiaoe et al.，2015）认为中国的高速铁路主要服务于城市群以及中东部地区，而西部地区，航空客运拥有更大的优势，不主张在建设成本较高、客流量较少的西部地区建设高速铁路。李洪昌等（2021）认为，经济因素是高速铁路建设与否的决定性因素，当前应加强西部地区高铁建设。

综上所述，高速铁路改变了铁路与航空客运的竞争格局，高速铁路成为航空客运的强劲对手。但我国高速铁路大规模建设时间不长，研究还不够充分，特别是在实证方面，数据和经济效益存在滞后性，大规模的高速铁路建设对航空客运的发展及各地区经济发展产生的影响还不够明确。对铁路与航空客运关系的研究，多是个别地区个别线路的研究，缺乏整体认定，而且现有的研究多是对统计数据进行简单分析；对铁路与航空客运竞争的研究也单纯是着眼于铁路对航空客运的不利影响，而没有研究两者的互动关系。本书试图建立计量模型来研究高速铁路快速发展背景下我国铁路基础设施建设和航空客运之间的竞争关系，并探索其对经济发展的作用机理。

第二节　基本模型、数据来源及回归方法

一、回归模型

根据本书的研究对象，参照现有研究成果（Regina R. Clewlow et al.，2014；José I. Castillo – Manzano et al.，2015；Daniel Albalate et al.，2015；Zhenhua Chen，2017），并结合我国实际情况构建计量模型，认为除了本书重点关注的解释变量铁路的修建情况以外，影响航空客运量的因素主要有以下几个方面。

第一，国内生产总值。用来表示本地区经济发展程度，一般情况下，经济发展程度越高对航空客运的需求量越大、出行人数就越多。

第二，航班的架次。航班的架次代表了本地区航空服务的发展程度，航班架次越多，乘坐飞机出行的旅客数量就会越多，可以预见这一系数可能为正。

第三，本地区人口数量。因为本地区人口数量越多，对出行服务的需求就越多，意味着对航空客运的需求也越多，因此这一变量的系数可能为正。

第四，入境游人数。考虑到我国居民的出行方式主要是铁路和公路，民航只占很小一部分，而入境游游客入境的主要交通工具是飞机，因此，将此变量加入模型中作为国外居民对我国民航客运需求的影响因素，也就是国外居民入境游人次越多，对航空客运需求越大，航空客运人数越多。这是在之前研究中较少考虑的一个因素。最终计量模型为：

$$airpassenger_{it} = \alpha_1 + \alpha_2 addmile_{i,t-1} + \alpha_3 airportfre_{i,t-1} + \alpha_4 GDP_{it}$$
$$+ \alpha_5 population_{it} + \alpha_6 inboundtour_{it} + \eta_t + u_i + \varepsilon_{it} \quad (5.1)$$

二、变量解释

airpassenger（单位为百人次）[①]表示各省份航空客运人数，是模型的被解释变量。

解释变量主要有：*addmile*（单位为千米）表示各省铁路建设情况，在此，我们用各省份每年增加的铁路里程作为衡量铁路建设情况的指标。自 2008 年至 2019 年[②]，我国高速铁路的修建里程迅速增长，超过了全部新建铁路里程总量的一半，因此使用增量数据更能体现高铁大发展背景下铁路建设与航空客运之间的关系。此外，使用滞后一期变量[③]，意为上一期新增铁路里程对航空客运人数的影响，这一变量是本书主要考察的解释变量。*airportfre*（单位是架次）表示飞机起降数量，也使用滞后一期变量，意为上一期的航班数量对本期航空客运量产生的影响；*GDP*（单位为亿元）表示国内生产总值，意为当期国内生产总值对航空客运量的影响，在一定程度上考察本地人口对航空服务需求能

---

① 为了使系数不至于太小，改变此变量单位，精确到百人。

② 我国已建成的高速铁路基本是在 2008 年以后通车。

③ 对基础设施的研究，很多情况下都是用滞后变量，因为基础设施发挥作用一般都具有滞后性。

力；*population*（单位是万人）表示本地区人口数量，这是对航空服务需求的人口数量基础；*inboundtour*（单位是千人次）表示入境游人次，在一定程度上考察国外人口对本地区航空服务的需求。u_i 表示个体固定效应，η_t 表示时间固定效应，i 表示不同的省份（不包括港澳台地区），t 表示不同的年份（主要是 2006～2019 年）。

三、数据来源及估计方法

本书构建的 2006～2019 年省级面板数据[1]，主要使用固定效应（FE）模型和随机效应（RE）模型回归。铁路里程、人口数量、GDP及入境游人次等主要来自 2007～2020 年《中国统计年鉴》以及各省份统计年鉴；航空客运量、航班起降架次等数据主要来自 2006～2019 年《民航机场生产统计公报》。表 5－1 是所有数据的描述性统计，被解释变量和主要控制变量共有 6 个，有 2604 个观测值。

表 5－1　　　　　　　　　　　　数据描述性统计

变量	变量说明	单位	观测值	均值	标准差	最小值	最大值
airpassenger	航空客运量	百人次	434	246676	259546	6422	1530343
addmile	新增铁路里程	千米	434	146.9	245.6	−1154	1868
airportfre	航空客运架次	架次	434	232728	195566	8010	1071501
gdp	国内生产总值	亿元	434	19096	17916	291	107672
population	人口数量	万人	434	4330	2734	281	11521
inboundtour	入境游人次	千人次	434	3023	5503	8.665	37481

资料来源：作者整理。

---

[1]　由于国家统计局"入境游人次"仅统计到 2019 年，因此本书研究年限为 2006～2019 年。

第三节 铁路建设对航空客运影响实证分析

一、基础回归

首先对全部 31 个省份数据进行回归，主要使用面板数据的固定效应（FE）及随机效应（RE）方法。在使用固定效应模型（FE）时，既有时间固定效应又有个体固定效应。

从表 5 - 2 回归结果可以看出，无论哪种模型，新建铁路对航空客运都产生了负向影响，而且至少在 10% 的水平上显著。经过 Hausman 检验，P 值为 0，因此强烈地拒绝随机效应模型（RE），使用固定效应模型（FE）。也就是说，上一期新建铁路每增加一千米，就会使当期航空客运量减少 1655 人。铁路基础设施建设及高速铁路的发展，对我国航空客运整体的影响是很明显的，在两者之间确实存在替代效应。除此之外，上一期的航班数量、地区人口数量与当期入境游人次对航空客运量影响也非常显著，而且都是正向作用。其中，入境游人次每增加 1000 人次，航空客运量就会增加约 949 人次，并且在 5% 显著性水平上显著，说明国外旅客入境旅游主要使用的交通工具是飞机。

表 5 - 2　　　　　　　　模型（5.1）回归结果

变量	全国	
	FE	RE
addmile_1	- 16.55 ** （7.348）	- 16.97 ** （8.054）

续表

变量	全国	
	FE	*RE*
airportfre_1	0.0825 * (0.0451)	0.109 * (0.0593)
GDP	−0.0136 (1.509)	0.836 (1.319)
population	116.8 ** (53.27)	0.0934 (3.477)
inboundtour	9.486 ** (4.585)	18.68 *** (2.599)
时间固定效应	有	有
个体固定效应	有	无
_cons	−445802.8 ** (211792.3)	8236.0 (15381.3)
N	433	433
R^2	0.758	

注：* 表示 $p < 0.1$，** 表示 $p < 0.05$，*** 表示 $p < 0.01$。括号中数字均为标准误。

二、对我国不同区域的实证分析

现有的研究证实，对于不同国家和地区，基础设施建设的效果是不同的。我国幅员辽阔，东、中、西部[①]由于地理、历史、政策等原因经济发展水平差异较大，铁路修建对东、中、西部航空客运影响可能存在

---

① 本书采用一般的东中西区域划分方法，东部地区为北京、福建、广东、海南、河北、江苏、辽宁、山东、上海、天津、浙江；中部地区为安徽、河南、黑龙江、湖北、湖南、吉林、江西、山西；西部地区为甘肃、广西、贵州、内蒙古、宁夏、青海、陕西、四川、西藏、新疆、云南和重庆。

不同。下面采用同样的回归方法对我国东、中、西部航空客运与铁路建设之间的关系进行验证。

（一）东部地区

表 5 - 3 显示，固定效应与随机效应模型中新建铁路对东部地区航空客运的影响均是负值，经过豪斯曼检验，P 值为 0，说明不能拒绝固定效应模型，但固定效应系数不够显著，说明铁路建设对我国东部地区的航空客运量没有显著影响。我国高速铁路建设工程主要集中于东部地区，如沪宁、沪杭、广深客运专线等，有些人担心，高速铁路修建在航空客运比较密集的地区，势必对航空客运产生不利影响。而从表 5 - 3 回归结果来看，新建铁路对东部地区航空客运的影响有限，并未对航空客运产生明显的替代效应。造成这一结果的原因可能是由于东部地区经济发达、人口众多、出行需求比较旺盛，乘坐飞机出行是对速度、舒适度的需求，是一种刚性需求，高速铁路的开通使得原来乘坐普通铁路出行的旅客转移至高速铁路上，并未使太多的航空客流转移到铁路上来，没有对原有的航空客运产生较大冲击。

表 5 - 3　　　　　　　　东部地区模型（5.1）回归结果

变量	东部地区	
	FE	RE
addmile_1	- 33. 36 (21. 70)	- 32. 66 * (19. 67)
airportfre_1	0. 0497 (0. 0492)	0. 134 (0. 0831)
GDP	- 2. 869 (2. 009)	- 2. 910 (2. 227)

续表

变量	东部地区	
	FE	RE
population	202. 2 ** (64. 91)	− 4. 220 (7. 421)
inboundtour	8. 025 (4. 929)	22. 67 *** (2. 810)
时间固定效应	有	有
个体固定效应	有	无
_cons	− 810409. 9 ** (270308. 0)	68937. 2 (45440. 3)
N	153	153
R^2	0. 844	

注：* 表示 $p < 0.1$，** 表示 $p < 0.05$，*** 表示 $p < 0.01$。

（二）中部地区

从表 5 − 4 回归结果可以看出，中部地区与东部地区不甚相同，新建铁路对航空客运量的影响均为正，且在 5% 显著性水平上显著，这与我国全部 31 个省份回归结果相反。经过 Hausman 检验发现，P 值为 0.0021，强烈地拒绝随机效应模型，采用固定效应模型。也就是说，上一期中部地区新建铁路每增加一千米，使当期航空客运人数增加近 970 人，说明高速铁路对中部地区航空客运有积极影响。铁路的修建，对中部地区航空业并没有产生负向影响，反而有利于增加航空客运量，两者是互补关系。近年来，我国中部地区城市人口急剧增加，社会经济还有很大的发展潜力，对交通运输的需求也处于不断地增长中，足以支持铁路和航空业同时发展。此时铁路的修建，在满足居民出行需求的同时，并未对航空客运带来不利影响，反而产生了互相促进的效果。

表 5 - 4 中部地区模型（5.1）回归结果

变量	中部地区	
	FE	RE
addmile_1	9.699 ** (3.859)	6.466 ** (3.169)
airportfre_1	- 0.0327 * (0.0149)	- 0.0544 *** (0.0176)
GDP	1.224 (1.488)	1.894 (1.916)
population	- 50.45 *** (12.02)	1.499 (3.381)
inboundtour	- 19.70 *** (5.153)	- 17.89 *** (5.895)
时间固定效应	有	有
个体固定效应	有	无
_cons	306691.0 *** (58526.7)	34486.6 ** (16670.3)
N	111	111
R^2	0.945	

注：* 表示 $p < 0.1$，** 表示 $p < 0.05$，*** 表示 $p < 0.01$。

（三）西部地区

从表 5 - 5 回归结果来看，不论固定效应（FE）还是随机效应（RE）模型，新建铁路对西部地区航空客运量的影响均为负数，而且都很显著。Hausman 检验结果 P 值为 0.1202，不能拒绝随机效应模型。结果表明，西部地区铁路修建与航空客运存在强烈的替代关系，上一期西部地区每增加一单位新建铁路导致当期航空客运量下降 1549 人，且在 1% 的显著性水平上显著。从这一结果可以看出，西部地区受经济发展水平和居民交通需求量的限制，铁路的修建对西部省份的航空客运产生了强烈的冲击，又加上近年来西部地区航空机场的建设，分散了航空客流，导致乘坐飞机出行的居民数量明显减少。一旦拥有了乘坐舒适便捷、价格较为低廉的铁路客运，西部地区居民更愿意乘坐火车出行。

表 5 - 5 西部地区模型 (5.1) 回归结果

变量	西部地区	
	FE	RE
addmile_1	- 10.22 * (4.790)	- 15.49 *** (5.429)
airportfre_1	0.0485 ** (0.0219)	0.0537 * (0.0274)
GDP	6.464 *** (1.897)	6.506 *** (2.205)
population	- 38.39 (28.03)	11.82 *** (2.902)
inboundtour	- 2.943 (6.775)	- 5.904 (5.780)
时间固定效应	有	有
个体固定效应	有	无
_cons	133884.5 (86731.6)	- 15416.4 (10940.2)
N	167	167
R^2	0.821	

注：* 表示 $p < 0.1$，** 表示 $p < 0.05$，*** 表示 $p < 0.01$。

三、进一步验证

从上述回归结果可以看出，铁路在全国范围内对航空客运产生了负的影响，上一期新建铁路会使当期航空客运量明显减少。但是这一效应在不同的区域显示明显的不同：通过同样的方法对我国东、中、西部进行分析，发现铁路修建对东部地区航空客运没有明显的作用；而对中部地区有一定的正向作用，即互补关系；对西部地区有明显的反向作用，即替代关系。

考虑东、中、西部经济差异以及其他个体差异，为检验不同地区经济差异及其他个体差异对不同地区航空客运的影响，我们在原有模型的基础上加入两个交叉项来分析经济发展情况以及入境游如何通过铁路建设对航空客运产生影响，仍使用固定效应（FE）和随机效应（RE）进行验证。原模型变为：

$$airpassenger_{it} = \beta_1 + \beta_2 airportfre_{i,t-1} + \beta_3 addmile_{i,t-1} + \beta_4 inboundtour_{it}$$
$$+ \beta_5 GDP + \beta_6 population_{it} + \beta_7 addmile_{i,t-1} \times GDP_{it}$$
$$+ \beta_8 addmile_{i,t-1} \times inboundtour_{it} + \varphi_i + \tau_t + \upsilon_{it} \qquad (5.2)$$

在表 5 – 6 的变量名中，$addgdp$ 表示 $addmile_{i,t-1} \times GDP_{it}$，$addinb$ 表示 $addmile_{i,t-1} \times inboundtour_{it}$。

表 5 – 6 　　　　　　　东、中、西部模型（5.2）回归结果

变量	东部地区		中部地区		西部地区	
	FE	RE	FE	RE	FE	RE
$addgdp$	0.000567 (0.00147)	– 0.00157 (0.00167)	0.000114 (0.00105)	0.00179 (0.00172)	– 0.00263 *** (0.000785)	– 0.00393 *** (0.000657)
$addinb$	– 0.00598 * (0.00322)	0.00385 ** (0.00196)	– 0.0174 (0.0119)	– 0.0252 (0.0203)	0.00894 ** (0.00374)	0.0138 *** (0.00404)

变量	东部地区		中部地区		西部地区	
	FE	RE	FE	RE	FE	RE
时间固定效应	是	是	是	是	是	是
个体固定效应	是	否	是	否	是	否
N	153		111		167	
R^2	0.851		0.948		0.826	

注: * 表示 $p < 0.1$, ** 表示 $p < 0.05$, *** 表示 $p < 0.01$。

从表 5 - 6 结果可以看出,东部地区入境游以及西部地区国内生产总值和入境游都会通过铁路修建对航空客运量产生影响。两组回归的 P 值分别为 0 和 0.1581,说明上一期新建铁路对东部地区航空客运量的影响随着入境游人次的增加而减少;同时,上一期新建铁路对西部地区航空客运量的影响随着 GDP 的增加而减少,随着入境游人次的增加而增加。充分说明了西部地区经济发展水平以及东部和西部的旅游业发展水平确实会对铁路修建的经济效应产生影响,体现了铁路基础设施建设经济效应的个体差异。经济相对落后的西部地区,铁路对航空客运的负效应更加显著。

四、内生性问题

本章在研究过程中可能会出现遗漏变量以及解释变量和被解释变量互为因果,从而产生内生性问题。为缓解内生性问题,本章主要采取了以下几种方式:第一,采用铁路基础设施建设滞后一期变量作为解释变量,防止同期解释变量和被解释变量之间相互影响,这是研究铁路基础设施建设相关文献中普遍采取的一种方式(Paul et al., 2004;张光南等,2010;Erik Hornung, 2015;宗刚等,2021)。第二,采用面板数据进行研究，面板数据的固定效应和随机效应模型可以在一定程度上缓解遗漏变量问题，提高估计的准确性。第三，重点研究近年来的铁路修建对航空客运量的影响，而由于我国西部地区地理环境较为恶劣，东部地区地理环境相对较好，使得我国在铁路和航空机场规划中偏重于在西部地区多修机场，在东部地区多建铁路，这种结果完全是由我国特有的地理环境造成的。此外，我国航空业规模较小，航空客运量的变动并不是铁路建设的主要考虑因素，两者并不存在互为因果的关系，反而是我国目前铁路的修建和铁路运输的发展对航空客运产生了较大影响。

第四节　本章小结

本章通过建立计量模型，分析高速铁路大发展背景下铁路建设对全国及三大经济区域航空客运的影响。铁路修建对我国全国范围内的航空客运产生了负的影响，两者是一种替代关系。但是通过用相同的方法和数据对东、中、西部进行研究，发现东、中、西部的回归结果是不同的：东部地区铁路建设对航空客运量没有显著影响，中部地区铁路建设与航空客运之间存在互补关系，西部地区铁路建设与航空客运存在明显的替代关系；东部地区铁路建设对航空客运量的影响随着入境游人次的增加而减少，西部地区新建铁路对航空客运量的影响随着 GDP 的增加而减少，随着入境游人次的增加而增加，说明基础设施建设的经济效应确实会因地区本身的发展差异而有所不同。从本章的研究中可以得到以下几点启示。

一、现阶段空铁竞争中，航空客运确实受到了较大影响

从全国范围看，经过数年的建设和发展，高速铁路这一新型交通工

具已经越来越深入人们的生活，使飞机这一交通工具丧失了一部分中短途市场。现有的研究也表明，交通运输市场可以从运输距离角度划分不同的市场，公路、高速铁路和航空运输在一定距离范围内展开竞争。从全国范围来看，新建铁路对航空客运的替代作用明显，体现了两者的竞争关系。竞争会带来价格的降低和服务的提升，抑制某一运输方式价格快速上涨，使得消费者有更多样化的出行选择。从这一点来看，空铁竞争可以降低出行成本，增加消费者剩余和社会福利，两者之间的竞争对经济和社会发展是有益的。

二、铁路建设对东部地区航空客运影响较小，西部地区更受冲击

就客流量而言，东部地区的新建铁路对东部地区的航空客运影响不大，反而是西部地区的航空业受到更大的冲击。这也许是因为东部地区经济相对发达，航空市场相对比较成熟，对飞机这种交通方式有刚性需求并不断增长，而选择飞机出行者往往对价格不敏感，即使建设了高速铁路，也未导致明显的航空客流向铁路转移的趋势。而西部地区交通服务需求相对较低，经济相对落后，对价格反应敏感，一旦修建了更多出行成本较低的交通基础设施，就会产生替代效应。

三、中部地区空铁互补体现了交通一体化趋势

我国交通基础设施总体来说不是过剩而是不足，不论从硬件方面还是软件方面都与发达国家存在差距，公共交通设施还不够完善。鉴于目前的国情，不同类型的交通基础设施"无缝对接"，实现"门到门服务"，充分发挥现有交通基础设施的作用，为国民经济和社会发展服务。从中部地区的回归结果来看，铁路修建对航空客运起到正向作用，体现了交通一体化的趋势。中部地区的航空市场和高速铁路市场都处在不断

地发展完善中，中部地区经济发展面临较好的发展机遇。

四、重视交通基础设施建设的外部经济性

虽然本书主要分析的是铁路与航空客运之间的互补和替代关系，但交通运输是与经济发展高度相关的产业，高速铁路和航空市场的成熟度与地区经济发展水平相一致，从而会体现在高速铁路和航空运输的相互关系上。经济发展较快的地区，航空市场相对成熟，高铁的冲击不会那么剧烈；而经济落后地区，航空客运市场不够成熟，没有相对稳定的客源，高铁建成后对其冲击很大。此外，基础设施公共投资会产生"挤出效应"，西部地区航空客流的下降也许是由于挤出效应导致人均收入和总需求的减少。但是铁路建设可以加快人口流动，加快资金、信息、技术的流动，对地区经济发展是十分有利的。如前所述，中部地区的铁路建设促进了中部地区航空客运的发展，这种一致性必然会对地区劳动力流动、资源配置起到积极作用，促进中部地区经济发展。因此，我们在对交通基础设施进行投资决策时，不能仅关注其带来的直接经济效益，还要重视其外部经济性。

第六章

高速铁路对我国劳动力流动
影响实证研究

高速铁路作为一种重要的旅客运输方式，直接作用的对象就是乘客，因此，必然会对劳动力流动产生影响。劳动力是重要的生产要素，是物质财富产生的源泉，其重要性甚至高过实物要素投入。美国经济学家西奥多·舒尔茨（1959）认为，人们投资在自身教育、医疗、国内迁移的费用都是人力资本，而教育投资是最重要的部分，人力资本的作用远远大于物质资本的作用，人们可以通过教育获得更高的人力资本，产生更多的收益[①]。而高速铁路可以从根本上降低劳动力要素（人力资本）迁移的时间成本和信息搜寻成本，促进劳动力流动。从我国的情况来看，高速铁路的乘客中，有相当一部分是高收入、高学历劳动者，那么，高速铁路的建成必然对不同文化背景劳动力的流动产生不同的影响，进一步影响我国不同文化背景劳动力在全国范围内的分布。

---

① 吴海燕. 经济学原理［M］. 北京：经济科学出版社，2008：234 – 235.

第一节　文献综述

高速铁路的出现和发展，对劳动力流动产生了重要影响。海恩斯（Haynes，1997）认为，高速铁路的建设极大地影响了劳动力的流动和劳动力市场的形成，因为劳动力流动难易程度会直接影响劳动力流动成本。迁移距离、劳动力需求信息的不确定性与劳动力供给成本呈正比关系；而交通的改善可以提高劳动力需求信息的确定性，降低搜寻成本，从而降低劳动力供给成本，加快劳动力的流动。从日本新干线的建设和运行结果来看，沿途地区的人口都有明显增长，劳动力的聚集最终带来了城市的发展和扩张。从欧洲的发展情况来看，高速铁路建设极大地缓解大都市的交通压力，提供了更加方便灵活的通勤方式并且创造了新的就业机会（M. Garmendia et al.，2011；2012），同样对劳动力的流动起到了重要作用。尹明（Ming Yin et al.，2014）通过对高速铁路的系统研究，认为高速铁路对城市人口的增长、产业的发展、区域经济的发展都有十分重要的影响，如欧洲老工业城市里尔在转型过程中，高速铁路起到了重要的作用，服务业和知识密集型产业随之发展，聚集了更多年轻劳动力。但是高速铁路对不同的区域带来的影响存在显著差异。不少学者认为，高速铁路主要连接重要城市或大城市，但是小城市和途经城市受到的影响有限，甚至对小城市造成了负面影响（Moshe Givoni，2006；王巍等，2019）。安德烈斯·蒙松等（Andrés Monzón et al.，2013）也认为高速铁路确实可以增加城市的吸引力，但是这些优势可能都集中在中心城市，对其他地区作用有限。维克曼（Vickerman，2015）对泛欧交通网中的高速铁路进行研究，发现欧洲有些地区特别是高速铁路途经地区的经济发展没有达到预期目标。这些研究都说明欧洲高速铁路建设对不同城市或区域经济发展的影响是不同的。

我国对高速铁路的研究尚不够深入，且着眼点多是高速铁路建设的直接经济效益、高速铁路对旅游产业、房地产业的影响（丁如曦等，2017；李宗明等，2019；吴昊等，2020）及高铁建设对区域经济的影响（张琼等，2023）；对交通基础设施的微观经济效应研究主要集中在铁路、公路等交通基础设施对降低企业库存（李涵等，2009）、提高企业效率等方面（邹薇等，2020）；对高速铁路微观经济影响的研究相对较少。

高速铁路建设过去主要集中在日本和欧洲国家，对高速铁路的研究也多集中于这些国家，欧洲单个国家面积较小，高速铁路除了国内线路，还存在很多跨境线路，我国高速铁路的发展与其他国家有明显的不同，两者的差异在于欧洲高速铁路主要用来缓解欧洲拥挤的陆地交通和航空运输，而我国航空业还未及欧洲国家的发达程度就要面临高速铁路的激烈竞争。铁路是我国居民远程出行的重要选择，对劳动力的流动起着至关重要的作用，高素质的劳动力又是知识经济时代重要生产要素，高速铁路修建在总体上对我国不同教育背景劳动力流动，特别是对高收入、高学历劳动力流动带来了较大影响，从而对不同区域的经济效应也有所不同。因此，有必要针对我国的情况对高速铁路的经济效应展开分析。

第二节 高速铁路修建对区域不同文化程度劳动力数量的影响

一、模型设定及数据来源

（一）计量模型设定

参照艾瑞克·霍尔农（Erik Hornung，2015）和蔡玉敏（Yu – Hsin

Tsai，2020）等铁路基础设施对城市人口变动影响的计量模型，针对本书研究对象，并考虑数据的可获得性，对原模型进行调整。被解释变量为不同教育背景劳动力数量，教育背景划分为初中及以下文化程度、高中文化程度、大学专科文化程度、大学本科文化程度及研究生文化程度。

影响不同教育背景劳动力流动的交通基础设施主要有高速铁路、公路和机场，本书重点考察的解释变量是高速铁路。除此之外还考虑以下解释变量：一是人均预算内教育经费支出。这一指标在一定程度上反映了地区教育资源和教育投入的总体情况。由于地区教育资源和教育投入的变化相对平稳，不同教育背景劳动力数量不会出现较大波动。控制了这一变量，地区不同教育背景劳动力数量的变化基本可以归于不同教育背景劳动力流入和流出的变化。二是每万人拥有卫生人员数量[①]，地区医疗水平是引起劳动力流动的一大影响因素。由于我国目前的医疗保障和医疗服务水平存在显著的地区差异，劳动力从一个地区流向另一个地区的过程中，能否享受当地更好的医疗服务是重要的考虑因素。三是第一产业、第二产业及第三产业的发展情况。这些指标在一定程度上考察了该地区三次产业发展情况和经济发展程度，也可以考察地区不同产业发展情况对不同教育背景劳动力数量变化的影响。具体模型如下：

$$Y_{it} = \alpha_1 + \beta_1 dummyhighspe_{i,t-1} + X_{it}\gamma_1 + \eta_t + u_i + \varepsilon_{it} \qquad (6.1)$$

被解释变量 Y_{it} 表示不同文化程度劳动力数量，单位均为万人。在此分别考察初中及初中以下文化程度（$chunum_{it}$）、高中文化程度（$gaornum_{it}$）、大学专科文化程度（$zhuannum_{it}$）、大学本科文化程度（$bennum_{it}$）及研究生文化程度（$yannum_{it}$）劳动力数量。

解释变量有：$dummyhighspe_{i,t-1}$ 表示是否有新通车高速线路的二值变量，为防止产生内生性，使用滞后一期变量。

---

① 包括医院的各类在职人员以及乡村医生。

其他解释变量用 X_{it} 表示。由于我国省级行政单位内部差异较大，因此解释变量除高速铁路二值变量与机场个数外，其他解释变量用均值形式表示。其他交通运输方式发展情况：公路路网密度用 $densiway_{it}$ 表示；机场数量用 $airportnum_{it}$ 表示。三次产业发展情况分别用 $agriperson_{it}$（人均耕地面积）、$secper_{it}$（人均第二产业增加值）、$thirper_{it}$（人均第三产业增加值）表示。人均预算内教育经费支出用 $eduperson_{it}$ 表示；每万人拥有卫生人员数量用 $docper_{it}$ 表示。η_t 代表时间固定效应，u_i 代表个体固定效应。i 表示不同的省份，不包括港澳台；t 表示不同的年份，主要包括 2006 ~ 2021 年。

（二）计量方法和数据来源

本书主要采用面板数据的固定效应（FE）以及随机效应（RE）模型进行回归。公路及三次产业发展相关数据主要来源于 2007 ~ 2022 年《中国统计年鉴》及各省份 2007 ~ 2022 年的统计年鉴；劳动力统计数据来源于 2007 ~ 2022 年《中国劳动统计年鉴》；预算内教育经费支出情况来源于 2007 ~ 2022 年《中华人民共和国教育部、统计局、财政部关于教育经费执行情况统计公告》；卫生人员数量来源于 2007 ~ 2022 年《中国卫生统计年鉴》；机场数据来源于我国民用航空局的 2006 ~ 2021 年度统计公报；高速铁路数据来源于国际铁路联合会（UIC）统计数据。本样本共有 13 个变量，6448 个观测值。表 6 – 1 是主要数据的描述性统计。

表6 –1　　　　　　　　　　主要变量描述性统计

变量	变量名称	单位	观测值	中值	标准差	最小值	最大值
chunum	初中及以下劳动力数量	万人	496	1721	1227	107.7	4986
gaonum	高中劳动力数量	万人	496	334.3	240.9	5.980	977.0

续表

变量	变量名称	单位	观测值	中值	标准差	最小值	最大值
zhuannum	大学专科劳动力数量	万人	496	145.5	109.7	2.180	491.1
bennum	大学本科劳动力数量	万人	496	88.93	77.19	0	329.7
yannum	研究生劳动力数量	万人	496	8.352	11.71	0	80.85
airportnum	机场数量	个	496	5.476	3.313	1	22
dummyhighspe	是否有新通高速铁路	—	496	0.173	0.379	0	1
densiway	公路路网密度	千米/平方千米	496	0.778	0.434	0.0373	1.609
agriperson	人均耕地面积	公顷	496	0.210	0.354	0.00499	1.731
secper	人均第二产业增加值	万元	496	1.515	0.883	0.266	4.943
thirper	人均第三产业增加值	万元	496	1.375	1.152	0.246	7.086
eduperson	人均教育经费支出	千元	496	1.099	0.620	0.267	3.538
docper	每万人卫生人员数量	人	496	59.86	16.65	25.92	124.4

二、回归结果及分析

（一）全国范围内高速铁路修建对不同文化程度劳动力数量的影响

首先，对全国范围内不同文化程度劳动力数量与高速铁路修建之间的关系进行研究，构建固定效应（FE）和随机效应（RE）模型，根据面板数据特征，固定效应（FE）和随机效应（RE）模型回归时使用聚类稳健标准误。

从表6-2的回归结果可以看出，高速铁路修建对高中文化程度到大学本科文化程度劳动力数量的变化都有显著影响。经过豪斯曼检验，五组回归的 P 值分别为 0.1771、0.6030、0.8190、0.9274 和 0.4556，均强烈地拒绝固定效应模型，不能拒绝随机效应模型。也就是说上一期有新通高速铁路的地区比没有新通高速铁路的地区当期高中文化程度、

表6-2　　全国范围内劳动力数量变动模型（6.1）回归结果

变量	初中及以下文化程度		高中文化程度		大学专科文化程度		大学本科文化程度		研究生文化程度	
	FE	RE	FE	RE	FE	RE	FE	RE	FE	RE
dummyhighspe	29.04 (23.22)	29.59 (22.90)	-24.23* (12.09)	-24.07** (12.26)	-14.40** (6.709)	-14.90** (6.883)	-8.655* (5.039)	-9.155* (5.507)	-1.165* (0.686)	-1.181 (0.756)
densiway	-445.1 (346.8)	-354.7 (319.3)	403.3* (226.9)	277.2* (143.9)	171.5 (117.0)	81.67 (53.18)	39.01 (76.05)	24.09 (29.46)	-15.96 (14.46)	0.767 (3.420)
airportnum	19.56 (18.91)	22.56 (18.62)	-4.492 (12.97)	-2.721 (11.31)	3.406 (8.578)	2.778 (6.336)	2.595 (6.222)	1.808 (4.079)	-0.0294 (0.548)	0.0554 (0.268)
docper	-1.679 (3.313)	-2.108 (3.236)	2.552 (1.912)	2.733* (1.509)	1.050 (1.138)	1.368* (0.726)	0.941 (0.897)	1.161** (0.553)	0.219 (0.135)	0.182** (0.0908)
eduperson	167.6* (91.56)	165.3* (93.18)	-150.2*** (34.06)	-156.7*** (35.26)	-98.77*** (22.77)	-101.5*** (22.60)	-70.41*** (17.42)	-69.77*** (16.34)	-6.582*** (2.303)	-5.963** (2.332)
agriperson	-301.3 (285.8)	-408.9 (269.4)	71.65 (177.9)	-3.469 (124.8)	4.772 (129.2)	-1.011 (68.11)	-17.50 (93.81)	-2.564 (42.04)	-4.873 (7.083)	-2.574 (2.405)
secper	7.975 (51.62)	3.572 (50.81)	26.83 (38.59)	25.33 (36.23)	13.75 (23.13)	12.71 (20.48)	-5.860 (19.73)	-5.713 (16.92)	-4.759 (3.994)	-5.441* (2.939)
thirper	-109.5* (60.94)	-120.4** (59.08)	-46.87 (34.79)	-40.65 (27.57)	-1.752 (21.04)	7.530 (13.83)	31.12 (18.73)	37.54*** (10.92)	10.89* (5.938)	10.67*** (3.332)

续表

变量	初中及以下文化程度		高中文化程度		大学专科文化程度		大学本科文化程度		研究生文化程度	
	FE	RE	FE	RE	FE	RE	FE	RE	FE	RE
时间固定效应	有	有	有	有	有	有	有	有	有	有
个体固定效应	有	无	有	无	有	无	有	无	有	无
_cons	2011.3*** (333.5)	1996.1*** (430.4)	-29.38 (218.6)	56.36 (148.4)	-41.53 (128.8)	5.374 (74.33)	-7.232 (87.36)	-11.81 (48.65)	7.606 (10.01)	-2.666 (6.626)
N	495	495	495	495	495	495	495	495	495	495
R^2	0.237		0.639		0.672		0.701		0.492	

注：* 表示 $p < 0.1$，** 表示 $p < 0.05$，*** 表示 $p < 0.01$。

大学专科文化程度和大学本科文化程度劳动力数量分别减少 24.07 万人、14.9 万人和 9.155 万人①。说明高速铁路的修建对较高文化程度劳动力数量的影响非常显著。

其次，地区医疗服务水平是引起高学历劳动力流入的重要影响因素，对高中文化程度以上劳动力数量的增加均是正向影响，也就是说每万人卫生人员数量每增加一个单位，高中文化程度、大学专科文化程度、大学本科文化程度和研究生文化程度劳动力数量分别增加 2.733 万人、1.368 万人、1.161 万人和 0.182 万人。而地区教育支出的变动对各学历层次劳动力的流动都有显著影响，所不同的是对初中及以下文化程度劳动力数量的变动是正向影响，而对高中及以上文化程度劳动力数量的变动是负向影响。由此可以看出，政府对教育事业的投资可以在很大程度上降低文盲率，可以更好地普及九年义务教育。而教育事业的发展，可以极大地提高高中以上学历劳动力的数量，一旦他们具备了更高的学历，就可以选择不在本地工作，而选择工资更高、劳动条件更好的其他区域作为求职目的地。从产业发展的角度来看，第三产业的发展对大学专科文化程度和大学本科文化程度劳动力流动的影响更加显著。第三产业人均增加值每增加 1 万元，就可以带来大学本科文化程度和研究生文化程度劳动力数量分别增加 37.54 万人和 10.67 万人。

最后，从全国范围的情况来看，高速铁路修建对较高文化程度劳动力流动的影响更加显著，但是起到了负向影响。

（二）高速铁路修建对东、中、西部不同文化程度劳动力数量的影响

从表 6-2 的回归结果来看，高速铁路修建对地区高中及以上文化

---

① 这里起负作用并不意味着越是修建高速铁路，人才越是流失。这里的系数只是一个平均效应，说明我国有的地区人才流失，有的地区人才流入，流失比流入的数量略高才会出现这种情况。文后对人才比重的研究也弥补了这一结论的缺憾。

程度劳动力流动带来了负向影响，那么我们不禁要问，难道高速铁路修建不利于劳动力的流入吗？

从已有的研究成果可以看出，由于地区差异的存在，交通基础设施建设带来的经济效应也往往有所不同。我国幅员辽阔，由于历史、地理、环境等因素导致我国不同区域经济发展水平有着显著差异，那么必然会造成高速铁路修建在不同区域的经济效应也有所不同。下面，针对我国不同区域，探索高速铁路在东、中、西部的修建对较高文化层次劳动力流动的影响，在此认为大学专科及以上文化程度属于较高文化程度，仍然使用模型（6-1）进行回归。

从表6-3回归结果可以看出，高速铁路修建对东部地区高学历劳动力数量的影响为负，但均不显著。经过豪斯曼检验，三组回归 P 值分别为 0.9963、0.9549 和 0.6696，均强烈地拒绝固定效应模型，不能拒绝随机效应模型。还可以看出，东部地区医疗服务水平极大地影响了东部地区高学历劳动力的数量的增加，每万人卫生人员数每增加一个单位，可以导致大学专科、大学本科及研究生文化程度劳动力数量分别增加 3.139 万、2.455 万人和 0.302 万人。从三次产业的发展来看，第二产业和第三产业都可以带来高学历劳动力的增加，第二产业人均增加值每增加 1 万元可以带来大学专科和大学本科文化程度劳动力数量分别增加 51 万人和 35.24 万人。第三产业人均增加值每增加 1 万元可以带来大学本科和研究生文化程度劳动力数量分别增加 70.64 万人和 19.63 万人。

表6-3 东部地区不同文化层次劳动力数量变动模型（6.1）回归结果

变量	大学专科文化程度		大学本科文化程度		研究生文化程度	
	FE	RE	FE	RE	FE	RE
dummyhighspe	-5.363 (8.128)	-5.672 (7.885)	-5.142 (4.859)	-5.975 (4.629)	-0.783 (1.385)	-1.088 (1.367)

续表

变量	大学专科文化程度		大学本科文化程度		研究生文化程度	
	FE	RE	FE	RE	FE	RE
densiway	43.41 (102.3)	12.89 (97.07)	−30.27 (92.24)	−60.39 (79.05)	−54.08 ** (21.01)	−27.25 ** (13.83)
airportnum	30.69 (24.39)	31.43 (21.31)	8.000 (14.10)	11.93 (12.43)	1.731 (2.007)	2.014 ** (0.940)
docper	3.270 (1.971)	3.139 ** (1.410)	2.560 (1.455)	2.455 ** (1.023)	0.517 ** (0.209)	0.302 ** (0.135)
eduperson	−43.68 (51.33)	−49.32 (53.68)	−56.32 (42.56)	−68.66 (45.07)	−7.206 (5.760)	−12.41 (8.188)
agriperson	374.0 (296.8)	267.0 (165.1)	428.0 (243.5)	206.9 (156.0)	−6.304 (58.87)	11.01 (20.16)
secper	52.04 ** (21.21)	51.00 ** (20.89)	36.83 * (16.98)	35.24 ** (16.90)	−2.769 (5.271)	−2.803 (4.652)
thirper	36.38 (25.27)	34.80 (22.01)	71.92 *** (17.97)	70.64 *** (14.99)	21.59 ** (7.882)	19.63 *** (6.683)
时间固定效应	有	有	有	有	有	有
个体固定效应	有	无	有	无	有	无
_cons	−390.4 (218.1)	−331.2 (207.4)	−252.5 (178.3)	−183.0 (150.4)	8.134 (15.69)	−3.080 (14.37)
N	175	175	175	175	175	175
R^2	0.786		0.836		0.629	

注: * 表示 $p < 0.1$，** 表示 $p < 0.05$，*** 表示 $p < 0.01$。

从表 6-4 的回归结果可以看出，高速铁路的修建对中部地区大学专科文化程度劳动力数量的变动产生了显著影响。经过豪斯曼检验，三组回归的 P 值分别为 0、0 和 0.0006，也就是三组回归均强烈地拒绝随机效应模型，不能拒绝固定效应模型。也就是说，中部地区上一期有新通高速铁路的地区比没有新通高速铁路的地区当期大学专科文化程度劳动力数量减少34.42万人，对大学本科文化程度和研究生文化程度劳动力数量的影响均不显著。公路路网密度的变动对中部地区高学历劳动力的流入影响更大，公路路网密度每增加一个单位，中部地区大学专科和大学本科文化程度劳动力数量分别增加458.9万人和176.6万人。从产业发展来看，中部地区三次产业对高学历劳动力的流动影响都不大。说明中部地区三次产业的发展特别是第二、三产业的发展程度还没有形成吸引高素质人才的有利条件。

表6－4 中部地区不同文化层次劳动力数量变动模型（6.1）回归结果

变量	大学专科文化程度		大学本科文化程度		研究生文化程度	
	FE	RE	FE	RE	FE	RE
dummyhighspe	－34.42 ** (12.79)	－48.30 * (27.41)	－13.46 (8.111)	－19.48 (17.59)	0.0577 (0.616)	－0.566 (0.977)
densiway	458.9 *** (120.6)	69.54 (131.9)	176.6 ** (68.31)	7.571 (60.91)	－1.612 (10.83)	－0.865 (5.197)
airportnum	－15.97 (8.483)	8.468 (23.54)	－3.240 (6.798)	3.767 (10.55)	0.906 (0.601)	－0.125 (0.727)
docper	－1.886 (1.563)	5.279 (5.263)	－2.371 ** (0.927)	2.375 (2.624)	－0.0635 (0.136)	－0.0591 (0.105)
eduperson	－177.2 ** (74.09)	－138.5 (240.0)	－141.3 ** (46.33)	－90.69 (118.5)	－9.235 ** (3.502)	－12.98 ** (5.041)
agriperson	－585.4 (433.0)	92.63 (225.6)	－307.6 (352.3)	－52.30 (108.6)	60.79 (40.44)	－15.64 (13.42)
secper	－57.69 (52.51)	－120.8 (125.2)	－22.72 (45.18)	－54.38 (59.82)	5.149 (3.248)	－5.032 (4.124)
thirper	127.2 (123.9)	132.6 (196.6)	－2.971 (100.1)	84.67 (101.3)	－13.72 (8.039)	13.79 ** (6.204)

续表

变量	大学专科文化程度		大学本科文化程度		研究生文化程度	
	FE	RE	FE	RE	FE	RE
时间固定效应	有	有	有	有	有	有
个体固定效应	有	无	有	无	有	无
_cons	22.49 (191.4)	-140.6 (377.0)	143.1 (95.56)	-30.54 (176.4)	6.200 (13.98)	13.95 (12.21)
N	127	127	127	127	127	127
R^2	0.869		0.879		0.589	

注：* 表示 $p < 0.1$，** 表示 $p < 0.05$，*** 表示 $p < 0.01$。

从表 6 – 5 回归结果可以看出，高速铁路修建对西部地区高学历劳动力数量的增加起到了显著作用。经过豪斯曼检验，三组回归 P 值分别为 0.8644、0.7841 和 0.8099，强烈地拒绝固定效应模型，不能拒绝随机效应模型。也就是说，西部地区上一期新通高速铁路的地区比没有新通高速铁路的地区当期大学专科文化程度劳动力增加 42.85 万人，研究生文化程度劳动力增加 2.254 万人。此外，可以看出机场建设也可以带来高学历劳动力数量的增加，每增加一座机场可以使西部地区大学专科劳动力数量增加 25.19 万人。西部地区第三产业的发展对高学历劳动力数量变动的影响是负作用，说明第三产业仍然是西部地区经济发展的薄弱环节。

表 6 – 5　西部地区不同文化层次劳动力数量变动模型（6.1）回归结果

变量	大学专科文化程度		大学本科文化程度		研究生文化程度	
	FE	RE	FE	RE	FE	RE
dummyhighspe	38.00 (28.21)	42.85* (22.17)	31.71 (24.52)	24.66 (19.73)	2.862 (1.663)	2.254* (1.273)

续表

变量	大学专科文化程度		大学本科文化程度		研究生文化程度	
	FE	RE	FE	RE	FE	RE
densiway	53.58 (208.2)	200.0 ** (69.23)	39.28 (152.3)	23.34 (68.79)	12.79 (14.66)	2.960 (6.326)
airportnum	21.82 (13.36)	25.19 *** (5.216)	15.94 (10.14)	10.53 (6.667)	0.698 (0.851)	0.409 (0.523)
docper	1.733 (1.780)	3.624 ** (1.082)	1.119 (1.485)	0.634 (1.458)	− 0.0256 (0.105)	0.0150 (0.118)
eduperson	− 108.3 ** (43.32)	− 40.21 * (18.11)	− 76.76 ** (31.62)	− 75.87 *** (28.82)	− 5.946 ** (2.123)	− 6.816 *** (2.163)
agriperson	− 2.787 (63.92)	− 125.8 * (54.60)	− 10.74 (47.44)	40.35 (32.48)	− 0.997 (4.433)	2.427 (3.080)
secper	52.91 (43.53)	32.92 (22.97)	19.97 (30.18)	23.96 (31.22)	4.497 (3.142)	4.301 (3.102)
thirper	− 216.8 * (108.9)	− 85.40 *** (23.31)	− 144.4 * (78.42)	− 140.4 * (82.51)	− 14.23 * (7.402)	− 13.14 * (7.503)
时间固定效应	有	有	有	有	有	有
个体固定效应	有	无	有	无	有	无
_cons	− 43.99 (118.6)	− 242.6 *** (31.08)	− 44.00 (92.31)	− 5.272 (74.15)	− 0.411 (9.953)	2.420 (7.426)
N	191	191	191	191	191	191
R^2	0.702		0.702		0.692	

注：* 表示 $p < 0.1$，** 表示 $p < 0.05$，*** 表示 $p < 0.01$。

三、稳健性检验

从上述分析可以看出，高速铁路修建对中部地区大学专科文化程度及西部地区大学专科和研究生文化程度劳动力数量的变动产生了显著的影响。在此，为了说明结果的可信性，使用高速铁路修建里程替代高速铁路通车与否（二值变量）来进行稳健性检验。回归模型调整为：

$$Y_{it} = \alpha_2 + \beta_2 highmile_{i,t-1} + X_{it}\gamma_2 + \eta_t + u_i + \varepsilon_{it} \qquad (6.2)$$

从表6-6的回归结果来看，高速铁路修建对西部地区高学历劳动力数量的变动起到了显著作用。经过豪斯曼检验，三组回归的P值分别为0.8678、0.8130、0，西部地区回归不能拒绝随机效应模型，中部地区回归不能拒绝固定效应模型。也就是说，西部地区高速铁路每增加1000千米，西部地区大学专科文化程度劳动力数量增加145.4万人，研究生文化程度劳动力数量增加8.342万人。说明表6-5的结果非常稳健；同时，中部地区回归结果不显著，说明表6-4的结论不够稳健。

表6-6　中部和西部高速铁路修建里程模型（6.2）回归结果

变量	西部大学专科文化程度		西部研究生文化程度		中部大学专科文化程度	
	FE	RE	FE	RE	FE	RE
highmile	144.5 (101.9)	145.4** (59.63)	10.46 (5.993)	8.342* (4.813)	-11.38 (26.15)	16.53 (70.83)
densiway	51.74 (198.4)	203.8** (73.48)	12.59 (13.88)	3.278 (6.423)	460.8** (178.8)	64.91 (128.6)
airportnum	23.04 (13.91)	26.60*** (5.503)	0.779 (0.883)	0.467 (0.557)	-16.24 (11.92)	10.30 (22.57)
docper	1.697 (1.813)	3.651** (1.071)	-0.0276 (0.108)	0.0105 (0.121)	-1.966 (2.038)	5.563 (5.637)
eduperson	-109.9** (43.82)	-41.30** (17.12)	-6.070** (2.157)	-6.880*** (2.192)	-190.2** (77.03)	-131.8 (193.4)
agriperson	-9.953 (64.91)	-127.4* (56.01)	-1.511 (4.458)	2.292 (3.075)	-510.5 (449.4)	99.35 (235.4)
secper	42.83 (46.30)	27.10 (25.14)	3.781 (3.185)	3.801 (3.132)	-57.99 (73.97)	-124.4 (119.5)

续表

变量	西部大学专科文化程度		西部研究生文化程度		中部大学专科文化程度	
	FE	RE	FE	RE	FE	RE
thirper	−206.4* (106.3)	−81.57** (23.46)	−13.47* (7.191)	−12.63* (7.391)	91.20 (91.40)	135.8 (192.8)
时间固定效应	有	有	有	有	有	有
个体固定效应	有	无	有	无	有	无
_cons	−48.41 (114.0)	−251.2*** (37.23)	−0.676 (9.611)	2.087 (7.325)	37.25 (254.2)	−175.0 (332.4)
N	191	191	191	191	127	127
R^2	0.708		0.698		0.840	

注：* 表示 $p < 0.1$，** 表示 $p < 0.05$，*** 表示 $p < 0.01$。

第三节　高速铁路修建对区域劳动力结构的影响

高速铁路的修建对不同文化程度劳动力的数量起到了显著影响，而且不论从全国范围看还是从东、中、西不同区域来看，高速铁路的修建都对高学历劳动力数量的变动起到了显著作用，特别是西部地区由于新通高速铁路带来了大学专科文化程度和研究生文化程度劳动力数量的增加。那么这种变动是否对全国和东、中、西部不同区域的不同文化程度劳动力结构的变动同样产生显著影响呢？由于劳动力结构的变动意味着产业结构的变动，对经济发展有着重要意义。因此，下面对全国及不同区域不同文化程度劳动力比重的变化进行研究。仍然使用第一节中的模型，所不同的是解释变量变为不同文化程度劳动力的比重。在此，重点研究初中及以下文化程度、高中文化程度、大学专科文化程度、大学本科文化程度以及研究生文化程度。

一、全国范围内高速铁路修建对不同文化层次劳动力比重影响

首先使用模型（6.1）来研究全国范围内高速铁路修建与不同教育背景劳动力比重之间的关系。被解释变量均变为不同文化程度劳动力的比重，被解释变量与上一节相同。

从表 6-7 的回归结果可以看出，高速铁路修建对大学专科文化程度和大学本科文化程度劳动力占比影响非常显著。通过豪斯曼检验，五组回归的 P 值分别为 0、0.0004、0.2773、0.2888 和 0.0165。说明对于大学专科文化程度和大学本科文化程度劳动力占比的回归来看，强烈地拒绝固定效应模型，不能拒绝随机效应模型。也就是说上一期有新通高速铁路的地区比没有新通高速铁路的地区当期大学专科文化程度和大学本科文化程度劳动力占比分别下降 0.383% 和 0.315%。这一结果与第一节所得出的结果类似。其次，还可以看到地区医疗服务水平极大地影响了高中文化程度、大学专科文化程度以及大学本科文化程度劳动力的占比，每万人卫生人员数每增加一个单位，高中文化程度、大学专科文化程度以及大学本科文化程度劳动力占比将分别提高 18.1%、9.58% 和 6.78%。从三次产业发展的情况来看，第二产业和第三产业的发展都会影响到各个层次劳动力的比重。第二、三产业的发展对较低文化程度劳动力比重的影响大多是负向的，而对较高文化程度劳动力占比的影响有所不同。第二产业和第三产业的发展对大学专科文化程度劳动力比重的影响均是正向的，人均第二产业和第三产业增加值每增加 1 万元，会导致当地大学专科文化程度劳动力比重分别增加 75.4% 和 95%。而第三产业对大学本科文化程度和研究生文化程度劳动力的影响更加明显，人均第三产业增加值每增加 1 万元就会导致大学本科文化程度劳动力比重增加 281%，研究生文化程度劳动力比重增加 92.5%，说明第三产业的发展对人才引进的重要性。以上回归结果仍然得出，全国范围内，高速铁路修建对高学历劳动力比重的影响是负效应。

表6-7 全国范围高速铁路修建对不同文化层次劳动力比重变动模型（6.1）回归结果

变量	初中及以下文化程度		高中文化程度		大学专科文化程度		大学本科文化程度		研究生文化程度	
	FE	RE	FE	RE	FE	RE	FE	RE	FE	RE
dummyhighspe	1.006** (0.488)	0.951* (0.495)	-0.437 (0.306)	-0.431 (0.324)	-0.353*** (0.126)	-0.383*** (0.122)	-0.281** (0.124)	-0.315** (0.132)	-0.0712 (0.0513)	-0.0657 (0.0459)
densiway	-2.652 (8.855)	4.518 (2.996)	6.854 (4.818)	4.044** (1.698)	2.888 (2.149)	0.136 (0.742)	-1.683 (1.981)	-0.552 (0.454)	-1.634* (0.952)	-0.0893 (0.133)
airportnum	0.841** (0.407)	0.727** (0.314)	-0.229 (0.246)	-0.189 (0.144)	0.0825 (0.141)	0.0130 (0.0894)	-0.0529 (0.0926)	-0.104** (0.0459)	-0.0367 (0.0280)	-0.0188** (0.00905)
docper	-0.0985 (0.115)	-0.204*** (0.0706)	0.181*** (0.0384)	0.239*** (0.0296)	0.0659** (0.0204)	0.0958*** (0.0142)	0.0546* (0.0275)	0.0678*** (0.0160)	0.0136 (0.00882)	0.0151*** (0.00479)
eduperson	9.436** (4.205)	6.315 (4.229)	-2.072** (0.849)	-2.111*** (0.806)	0.00770 (0.451)	0.135 (0.501)	0.435 (0.612)	0.709 (0.524)	-0.186 (0.183)	-0.0749 (0.155)
agriperson	1.280 (7.414)	-4.523 (3.997)	6.162** (2.878)	0.434 (1.403)	2.099 (2.636)	-0.0562 (0.651)	1.636 (1.836)	-0.970** (0.492)	-0.126 (0.270)	-0.374*** (0.0979)
secper	-3.353* (1.713)	-1.607 (1.096)	0.606 (0.624)	1.219** (0.565)	0.774** (0.348)	0.754*** (0.253)	-0.485 (0.526)	-0.673* (0.351)	-0.393 (0.269)	-0.568*** (0.147)
thirper	-4.515** (1.852)	-7.108*** (1.593)	-1.596** (0.598)	-0.710 (0.479)	0.500 (0.300)	0.950*** (0.181)	2.721*** (0.781)	2.810*** (0.420)	0.925** (0.430)	0.884*** (0.219)

续表

变量	初中及以下文化程度		高中文化程度		大学专科文化程度		大学本科文化程度		研究生文化程度	
	FE	RE	FE	RE	FE	RE	FE	RE	FE	RE
时间固定效应	有	有	有	有	有	有	有	有	有	有
个体固定效应	有	无	有	无	有	无	有	无	有	无
_cons	74.60*** (8.247)	78.39*** (6.145)	0.928 (4.369)	-0.0396 (1.999)	-1.884 (2.163)	-0.972 (1.096)	-0.426 (2.009)	-1.058 (0.941)	0.784 (0.648)	-0.259 (0.303)
N	495	495	495	495	495	495	495	495	495	495
R^2	0.597		0.735		0.819		0.838		0.547	

注：* 表示 $p<0.1$，** 表示 $p<0.05$，*** 表示 $p<0.01$。

二、高速铁路修建对东、中、西部高学历层次劳动力占比的影响

由于地理、环境、历史等因素不同，高速铁路修建对不同区域高学历劳动力的比重产生的影响也不同。仍使用模型（6.1）进行分区域回归。

（一）东部地区

从表6-8的回归结果来看，高速铁路的修建对东部地区高学历劳动力比重的影响均不显著。通过豪斯曼检验，三组回归的 P 值分别是0、0.2262、0.0197。也就是说，对第一组和第三组回归不能拒绝固定效应模型，对第二组回归不能拒绝随机效应模型。可以看出，东部地区的医疗卫生条件是吸引高素质人才的一个重要因素，不论是固定效应还是随机效应，不论是大学专科、大学本科还是研究生文化程度劳动力的比重，都是非常显著的正向效应。也就是说东部地区每万人卫生人员数每增加一个单位，会导致东部地区大学专科、大学本科及研究生文化程度劳动力比重分别增加12.1%、7.12%和3.2%。此外，从产业发展的角度来看，东部地区相对发达的第三产业是吸引高素质人才聚集的重要因素。东部地区人均第三产业增加值每增加1万元，就可以带来大学本科文化程度劳动比重提高330.1%，研究生文化程度劳动力比重提高164.4%。因此，东部地区能够聚集大量的高素质人才与东部地区较为先进的医疗水平和较为发达的第三产业密不可分。

表6-8　　　东部地区高学历劳动力比重模型（6.1）回归结果

变量	大学专科文化程度		大学本科文化程度		研究生文化程度	
	FE	RE	FE	RE	FE	RE
dummyhighspe	-0.129 (0.165)	-0.395 (0.270)	-0.245 (0.212)	-0.363 (0.224)	-0.0938 (0.111)	-0.106 (0.0907)

变量	大学专科文化程度		大学本科文化程度		研究生文化程度	
	FE	RE	FE	RE	FE	RE
densiway	0.953 (2.117)	− 0.142 (0.853)	− 5.682 ** (2.418)	− 0.822 (1.045)	− 4.528 *** (1.386)	− 0.177 (0.325)
airportnum	0.226 (0.364)	− 0.173 (0.125)	− 0.303 (0.460)	− 0.328 *** (0.108)	0.0359 (0.187)	− 0.0436 *** (0.0114)
docper	0.121 *** (0.0270)	0.0685 *** (0.0159)	0.106 ** (0.0367)	0.0712 *** (0.0225)	0.0320 * (0.0154)	0.0191 *** (0.00719)
eduperson	1.930 (1.334)	− 0.353 (0.964)	0.672 (1.997)	− 0.352 (2.155)	− 0.455 (0.541)	− 0.644 (0.738)
agriperson	− 1.447 (8.566)	2.281 (2.175)	− 3.233 (8.541)	− 1.411 (1.797)	− 3.666 (3.201)	− 0.908 ** (0.436)
secper	0.0805 (0.381)	0.706 ** (0.317)	− 0.383 (0.665)	− 0.269 (0.252)	− 0.477 (0.363)	− 0.550 *** (0.0756)
thirper	0.427 (0.390)	1.765 *** (0.544)	3.737 ** (1.438)	3.301 *** (1.007)	1.644 ** (0.653)	1.124 *** (0.407)
时间固定效应	有	有	有	有	有	有
个体固定效应	有	无	有	无	有	无
_cons	− 3.611 (2.456)	0.352 (1.644)	1.354 (4.989)	− 0.249 (1.886)	2.558 (1.681)	− 0.0166 (0.506)
N	175	175	175	175	175	175
R^2	0.881		0.880		0.666	

注：* 表示 $p < 0.1$，** 表示 $p < 0.05$，*** 表示 $p < 0.01$。

（二）中部地区

从表6-9的回归结果可以看出，高速铁路的修建对中部地区大学专科劳动力比重的影响比较显著。通过豪斯曼检验，三组回归的P值分别为 0.0003、0.0147、0.0057，说明三组回归均强烈地拒绝随机效应模型，不能拒绝固定效应模型。也就是说，中部地区上一期修建高速铁路的地区比没有修建高速铁路的地区当期大学专科文化程度劳动力所占比重下降 70.8%。对大学本科和研究生文化程度劳动力所占比重没有显著影响。同时还可以看到，公路路网密度的增加，对大学专科文化程度劳动力的流入有一定的正向效应。此外，中部地区第二产业的发展，能够吸引研究生文化程度劳动力的增加。人均第二产业增加值每增加 1 万元，可以使中部地区研究生文化程度劳动力所占比重增加 27.5%。同时也可以看出，中部地区第三产业不甚发达，对人才流入起到了反作用。

表 6 - 9　　　　中部地区高学历劳动力比重模型（6.1）回归结果

变量	大学专科文化程度		大学本科文化程度		研究生文化程度	
	FE	RE	FE	RE	FE	RE
dummyhighspe	- 0. 708 * (0. 326)	- 1. 080 *** (0. 309)	- 0. 162 (0. 180)	- 0. 314 (0. 192)	0. 00813 (0. 0192)	- 0. 0114 (0. 0271)
densiway	5. 814 * (3. 003)	- 0. 292 (1. 192)	- 1. 359 (1. 704)	- 1. 319 ** (0. 542)	- 0. 524 ** (0. 181)	- 0. 136 (0. 0934)
airportnum	- 0. 318 (0. 182)	- 0. 163 (0. 217)	- 0. 0272 (0. 136)	- 0. 184 ** (0. 0789)	0. 0276 (0. 0179)	- 0. 0244 ** (0. 0112)
docper	- 0. 00718 (0. 0259)	0. 0433 (0. 0483)	- 0. 0364 ** (0. 0130)	- 0. 00730 (0. 0197)	0. 000212 (0. 00332)	- 0. 00630 *** (0. 00223)
eduperson	- 3. 141 (1. 852)	- 2. 801 (2. 125)	- 2. 422 (1. 358)	- 1. 231 (1. 164)	- 0. 164 (0. 118)	- 0. 222 (0. 183)
agriperson	2. 462 (10. 12)	2. 548 (2. 618)	5. 993 (8. 330)	- 1. 035 (1. 178)	2. 582 * (1. 136)	- 0. 434 (0. 293)
secper	0. 232 (1. 208)	0. 143 (1. 142)	1. 345 (1. 131)	0. 724 (0. 830)	0. 275 ** (0. 0956)	0. 0113 (0. 118)

变量	大学专科文化程度		大学本科文化程度		研究生文化程度	
	FE	RE	FE	RE	FE	RE
thirper	2.048 (1.907)	1.915 (1.805)	−0.398 (1.713)	2.190 *** (0.566)	−0.356 * (0.173)	0.357 *** (0.122)
时间固定效应	有	有	有	有	有	有
个体固定效应	有	无	有	无	有	无
_cons	0.658 (3.536)	2.828 (3.567)	4.138 ** (1.431)	3.143 ** (1.225)	0.240 (0.307)	0.663 *** (0.124)
N	127	127	127	127	127	127
R^2	0.874		0.907		0.635	

注：* 表示 $p < 0.1$，** 表示 $p < 0.05$，*** 表示 $p < 0.01$。

（三）西部地区

从表 6 − 10 的回归结果可以看出，高速铁路的修建对西部地区大学本科和研究生文化程度劳动力比重的增加起到了显著作用。通过豪斯曼检验，三组回归的 P 值分别是 0.0258、0.0842 和 0.1445，也就是说前两组回归不能拒绝固定效应模型，第三组回归不能拒绝随机效应模型。也就是说，西部地区上一期修建高速铁路的地区比没有修建高速铁路的地区当期大学本科文化程度劳动力比重增加 78.7%，研究生文化程度劳动力比重增加 10.2%。高速铁路的修建对西部地区吸引高素质人才起到了重要的作用。此外，西部地区修建机场对吸引人才也起到了积极作用。从回归结果来看，西部地区每增加一座机场就可以致使大学专科文化程度劳动力比重增加 38.4%，大学本科文化程度劳动力比重增加 33.5%。从产业发展的角度来看，西部地区第二产业的发展更能吸引高素质人才。人均第二产业增加值每增加 1 万元，会致使西部地区大学专科和大学本科文化程度劳动力比重分别增加 189.7% 和 107.3%。而第三产业对人才的吸引力仍显不足。

表 6-10　　西部地区高学历劳动力比重模型（6.1）回归结果

变量	大学专科文化程度		大学本科文化程度		研究生文化程度	
	FE	RE	FE	RE	FE	RE
dummyhighspe	0.0974 (0.413)	-0.127 (0.262)	0.787** (0.316)	0.0732 (0.352)	0.0968* (0.0500)	0.102* (0.0583)
densiway	-2.797 (4.773)	-0.545 (1.216)	0.238 (2.047)	0.119 (0.669)	0.591 (0.369)	0.0218 (0.0878)
airportnum	0.384* (0.209)	0.0967 (0.118)	0.335** (0.116)	-0.00302 (0.0636)	-0.0181 (0.0184)	-0.00719 (0.00653)
docper	0.0876 (0.0787)	0.0970** (0.0494)	0.0608 (0.0457)	0.0645 (0.0394)	-0.00669* (0.00368)	0.00116 (0.00304)
eduperson	-0.522 (1.283)	-0.183 (0.993)	0.429 (0.591)	0.373 (0.783)	-0.0103 (0.0638)	-0.0666 (0.0560)
agriperson	1.982 (2.050)	0.233 (1.065)	1.715 (2.251)	0.0359 (0.650)	0.0510 (0.200)	-0.0525 (0.0474)
secper	1.897** (0.849)	2.235*** (0.844)	1.073** (0.422)	0.796 (0.625)	0.170 (0.114)	0.125 (0.104)
thirper	-2.128 (1.366)	-1.932 (1.882)	-1.104 (0.785)	-0.850 (1.228)	-0.0869 (0.184)	-0.0488 (0.173)
时间固定效应	有	有	有	有	有	有
个体固定效应	有	无	有	无	有	无
_cons	-1.201 (3.108)	-0.616 (2.229)	-4.030** (1.557)	-1.243 (1.567)	0.162 (0.170)	0.0607 (0.137)
N	191	191	191	191	191	191
R^2	0.861		0.827		0.743	

注：* 表示 $p<0.1$，** 表示 $p<0.05$，*** 表示 $p<0.01$。

三、稳健性检验

从上述回归结果来看，高速铁路修建对中部地区大学专科文化程度劳动力比重及西部地区大学本科和研究生文化程度劳动力的比重产生了显著影响。下面，仍然使用高速铁路的修建里程对上述结论进行稳健性检验，并使用模型（6.2）进行回归。

从表6-11的回归结果可以看出，高速铁路的修建对西部地区大学本科和研究生文化程度劳动力比重的变化产生了显著影响。通过豪斯曼检验，三组回归 P 值分别为 0.0293、0.1406、0.0003，说明第二组回归不能拒绝随机效应，其他两组回归不能拒绝固定效应。也就是说，上一期西部地区省份高速铁路每增加 1000 千米，会致使当期大学本科文化程度劳动力比重增加 280%，研究生文化程度劳动力比重增加 46.7%。说明高速铁路修建确实对西部地区高学历劳动力比重的增加起到了积极作用。但中部地区高速铁路修建对大学专科文化程度劳动力比重的影响变得不显著，因此上述结论不够稳健。

表6-11　　　　　　高速铁路里程模型（6.2）回归结果

变量	西部大学本科文化程度		西部研究生文化程度		中部大学专科文化程度	
	FE	RE	FE	RE	FE	RE
highmile	2.80 ** (0.998)	0.820 (0.593)	0.452 (0.279)	0.467 *** (0.104)	0.165 (0.581)	-0.174 (0.783)
densiway	0.347 (1.950)	0.0954 (0.627)	0.601 * (0.331)	0.773 ** (0.325)	5.232 (4.031)	-0.433 (1.318)
airportnum	0.365 ** (0.118)	-0.0112 (0.0603)	-0.0130 (0.0183)	-0.000792 (0.0112)	-0.307 (0.249)	-0.150 (0.215)
docper	0.0611 (0.0452)	0.0645 * (0.0358)	-0.00692 * (0.00363)	-0.00211 (0.00272)	-0.0150 (0.0337)	0.0515 (0.0543)

续表

变量	西部大学本科文化程度		西部研究生文化程度		中部大学专科文化程度	
	FE	RE	FE	RE	FE	RE
eduperson	0.414 (0.576)	0.381 (0.788)	−0.0136 (0.0545)	0.0332 (0.0368)	−3.370 (1.834)	−3.185* (1.855)
agriperson	1.680 (2.214)	0.0106 (0.658)	0.0277 (0.191)	0.00651 (0.253)	2.997 (8.775)	3.144 (3.213)
secper	0.954** (0.361)	0.853 (0.623)	0.135 (0.0948)	0.164* (0.0712)	0.105 (1.545)	0.152 (1.212)
thirper	−1.030 (0.794)	−0.976 (1.207)	−0.0555 (0.165)	−0.00680 (0.103)	1.541 (1.829)	1.817 (2.088)
时间固定效应	有	有	有	有	有	有
个体固定效应	有	无	有	无	有	无
_cons	−4.216** (1.631)	−1.199 (1.414)	0.137 (0.167)	−0.260 (0.157)	1.541 (4.682)	2.542 (3.753)
N	191	191	191	191	127	127
R^2	0.831		0.759		0.853	

注：* 表示 $p < 0.1$，** 表示 $p < 0.05$，*** 表示 $p < 0.01$。

四、内生性问题

本书在对高速铁路建设与不同学历层次劳动力流动之间关系进行研究时，可能遗漏了不可观测的变量，此外，高速铁路建设与高学历劳动力流动之间可能存在互为因果的关系从而产生内生性问题。为解决这一问题，第一，采用了文献中普遍采取的处理基础设施内生性的方法，使用基础设施滞后一期数据（Paul et al.，2004；Erik Hornung，2015；张光南等，2010；Xuehui Yang et al.，2021）进行回归。第二，本书使用面板数据的固定效应和随机效应模型可以在一定程度上缓解遗漏变量和内生性对回归结果的影响。第三，基于本书所采用的高速铁路衡量指标的特点，从建设时间上看，高速铁路建成与否所体现的修建时间是一个外生变量。因为本书衡量高速铁路建成与否的二值变量是基于高速铁路是否在该省份通车而不是规划时间或者开工时间。高速铁路是否通车不仅取决于高速铁路在该省份的规划时间和开工时间，还取决于该条线路修建的技术难度、建设里程以及对工程进度的控制等，这些因素都与经济因素无关。比如胶济客运专线、哈大客运专线及厦深铁路都于 2007 年开工，但是胶济客运专线从开工到建成只用了不到两年的时间，但哈大客运专线却经过近五年时间才修建完成，而厦深铁路更是用了六年的时间。第四，从地理位置上看，高速铁路所体现的修建地点也可以看作外生变量。在研究铁路、公路这类基础设施时，经常使用的一种解决内生性的方法，即看该地是否在以中心城市为端点的直线上，如果处于这条直线上，则该地修建交通基础设施的原因可归结为其所处地理位置，而与经济发展无关。笔者根据此法，将我国一线城市北京、上海、广州、深圳及我国七大军区核心省份的省会城市（Gilles Duranton et al. , 2008；Siqi Zheng et al. , 2013；Erik Hornung, 2015）作为节点，按照 2004 年我国所规划的"四纵四横"高铁走势划线，构造工具变量，在此线上的省份为 1，不在此线上的省份为 0，高铁通车时间仍参考其在该省份的通车时间。通过构造的工具变量对高速铁路二值变量内生性进行检验，发现检验结果为接受原假设①，也就是说，就本章所使用的数据来看，高速铁路二值变量在很大程度上不存在内生性问题。通过以上几种方式，使得本书的模型在很大程度上避免了内生性问题。

---

① 针对表 6 - 7 中大学本科和大学专科学历比重进行工具变量回归，P 值分别为 0. 2388 和 0. 9737，接受原假设，说明本组数据中的高速铁路通车与否（二值变量）不存在内生性。

第四节 本章小结

一、主要结论

高速铁路的修建对我国范围内不同文化程度劳动力的流动起到了显著作用，特别是高中及以上文化程度劳动力数量的影响，但是起到的是负向效应。通过对我国不同区域的研究，发现高速铁路的修建对东部地区较高文化程度劳动力流动的影响不够显著，而对西部地区较高文化程度劳动力数量的影响非常显著，并且是正向效应。这说明高速铁路的修建确实有利于西部地区吸引更多高素质人才。

高速铁路修建确实改变了地区人才结构。从全国范围看，高速铁路的修建对大学专科和大学本科文化程度劳动力比重的降低起到了显著作用。但是从区域来看，高速铁路的修建对我国东、中、西部不同区域高素质劳动力的变动起到的作用不尽相同。高速铁路在东部地区的修建对东部地区高学历劳动力比重的变动影响不显著，但对西部地区大学本科和研究生文化程度劳动力比重的增加起到了显著的正向效应。这说明高速铁路的修建确实对我国地区人才结构的变化起到了明显作用，有利于西部地区更好地发展第二、三产业，加快产业结构调整和经济发展。

二、启示

克鲁格曼（1991）的"中心—外围"模型认为，两个人口规模相当的地区，在人口流动出现后，随着运输成本的下降，会导致区域发展不平衡的状况，一个成为工业化中心，另一个成为农业外围（Krug-man，1991；胡曙光，2009；邓涛涛等，2019）。同时，克鲁格曼也认为，当大量企业迁入，会导致竞争加剧，人口聚集导致工资上升，而当运输成本继续下降时，就会出现相反的作用，经济趋向分散化。但是，在经济格局的形成中，并不会自动向最优空间经济格局演变，而是会受历史和偶然因素的影响，经济格局一旦形成，就会有"锁定效应"。要打破这种"中心—外围"的经济格局，摆脱"锁定效应"的束缚，就需要外在力量发挥作用（Krugman，1991）。

高速铁路作为一种外在力量，在劳动力流动过程中主要发挥了催化剂的作用。其根本原因在于随着东部地区经济聚集、总部经济的发展，东部地区主要城市聚集了众多大型企业集团、跨国公司总部，这些企业总部在同一地区集聚，一定时期内可以通过税收效应、连锁投资效应、产业乘数效应、消费带动效应、劳动就业效应、城市极化—扩散效应等（刘志阳，2013），在促进总部所在城市经济发展的同时，带动其他地区的经济发展。一方面，东部地区的大型企业集团、跨国公司对其他地区进行投资，输出资本和技术；另一方面中西部地区尽力吸引企业进驻，促进本地就业和经济发展。在这个过程中，公司总部需要与所投资地区企业进行频繁的信息交流和技术指导，对技术和智力高度依赖的知识密集型企业更是如此，因此，交通运输成本及信息交流成本就会影响这些企业的选址（梁琦等，2012；朱文涛等，2022）。高速铁路的建成，在很大程度上节约了时间机会成本，一方面，促进了大型企业和企业集团在中心区域和中心城市的聚集，进一步加强了中心城市的核心地位；另一方面，便利了大型企业集团、跨国公司与地区分支机构信息与技术交流，特别有利于知识密集型企业的分散化设立与经营，因此，吸引了大量高学历、高素质劳动力向中西部地区流动。而西部地区经济发展相对落后，受到的影响更为显著，实证研究发现，西部地区无论是高学历劳动力数量还是高学历劳动力比重都有显著的增加。

西部地区应当抓住这一重要机遇，在发展本地经济的过程中，重视人才培养和引进，借助东部地区产业转移的历史机遇，在发展第二产业的同时，加快第三产业的发展，特别是知识密集型产业的发展，促进西部地区产业发展及优化升级，进一步缩小与东部发达地区的差距。

第七章

高速铁路修建对知识密集型
产业影响实证研究

第一节 概念界定及文献综述

一、知识密集型产业界定

高速铁路的修建对西部地区较高文化层次劳动力数量和比重都产生了显著影响，有利于高学历人才向西部地区的聚集。高素质人才的聚集，一方面是由于地区产业和经济的发展对高素质人才的需求增加；另一方面，高素质人才的不断增加反过来也会进一步带动地区以高素质人才作为投入要素的知识密集型产业（亦称技术密集型产业或高技术产业）的发展。因此，本章将针对高速铁路修建对知识密集型产业的影响展开分析。

本章所指的知识密集型产业主要包括知识密集型制造业和知识密集型服务业。2017 年，国家统计局以《国民经济行业分类》（GB/

T4754—2017）为基础，以《中华人民共和国国民经济和社会发展第十四个五年规划纲要》和《国务院办公厅关于加快发展高技术服务业的指导意见》以及《国务院关于加快科技服务业发展的若干意见》为指导，并参考借鉴 OECD（经济合作与发展组织）关于高技术产业的分类方法规定：高技术制造业是指国民经济行业中 R&D① 投入强度（即 R&D 经费支出占主营业务收入的比重）相对较高的制造业行业，包括：医药制造，航空、航天器及设备制造，电子及通信设备制造，计算机及办公设备制造，医疗仪器设备及仪器仪表制造，信息化学品制造等 6 大类。而高技术服务业指是采用高技术手段为社会提供服务活动的集合，包括信息服务、电子商务服务、检验检测服务、专业技术服务业中的高技术服务、研发设计服务、科技成果转化服务、知识产权及相关法律服务、环境监测及治理服务和其他高技术服务等 9 大类。

　　国家统计局还编有《中国高技术产业统计年鉴》，但其中所指高技术产业主要是高技术制造业，未包括高技术服务业。本书对我国知识密集型制造业的研究主要基于这一统计资料中的数据。到目前为止，国家权威部门没有对知识密集型服务业的相关统计资料，因此，根据上述国家统计局对高技术服务业的界定，考虑数据的可得性和现有文献对高技术服务业的衡量指标（邢林波等，2014；华广敏，2015；华广敏等，2020），本书使用《中国固定资产投资统计年鉴》中的分行业数据来衡量知识密集型服务业的发展情况，将其中的信息传输、计算机服务和软件业，租赁和商务服务业，科学研究、技术服务和地质勘查业，水利、环境和公共设施管理业作为知识密集型服务业的细分行业进行研究。

---

　　① R&D（即研究与试验发展）是指在科学技术领域，为增加知识总量，以及运用这些知识创造新的应用而进行的系统的创造性活动。

二、文献综述

知识和创新被认为是实现经济持续发展的动力，面对面的接触和经常反复的沟通是知识传播的最佳途径（Von Hipple，1994）。人口流动的便利性，有利于人们沟通生产知识和科学技术，增进知识溢出与科技创新。自高速铁路出现后，通过对劳动力流动的影响，也进一步促进了科学与知识的交流与扩散。英国高速铁路的修建，加快了人才流动，方便了人们面对面接触与知识交流，使得知识密集型产业得到迅速发展，在距离中心城市 1 小时高铁车程的地区，知识密集型产业从业人员数量明显高于非高铁地区（Chia - Lin Chen et al.，2011；2012），扩大了知识密集型产业的规模。正如前文所述，尹明等（Ming Yin et al.，2014）通过对欧洲高速铁路的系统研究，认为高速铁路对城市人口增长、产业发展、区域经济发展都有十分重要的影响。其中，欧洲老工业城市里尔在转型过程中，高速铁路起到了重要的作用，由于交通的便利，里尔地区的服务业和知识密集型产业也随之发展。日本学者也研究发现（Hiroshi Komikado et al.，2021），交通基础设施对区域创新至关重要，高铁建设与知识生产率呈显著的正相关关系。

高速铁路在我国的建设，同样促进了知识溢出和创新发展。朱桃杏等（2015）认为，高速铁路既是地区科技创新的重要投入，也是地区科技创新的重要产出。科技创新系统包括三个重要阶段：集聚、交流和扩散。而高速铁路可以使区域信息交流更加通畅，降低交易成本，对科技创新和扩散具有重要意义。赵云等（2015）也认为，知识扩散效应的辐射范围受到空间交易成本的影响，因此，会导致知识溢出得不充分，高速铁路修建带来的可达性扩大了知识溢出的范围。王雨飞等（2016）研究发现，交通基础设施对经济发展起到促进作用，促进知识的扩散是交通基础设施重要作用的体现。通过知识溢出，可以促进创新集聚，从而可以扩大城市规模，带来经济增长，高铁建设有助于我国经济的高质量发展（宗刚等，2020）。因此，高速铁路通过对劳动力流动的影响，进而促进了知识溢出效应的发挥，提高知识溢出区域的劳动者的素质，必然会促进地区知识密集型产业的发展。因此，本章通过知识密集型企业数量和从业人员数量来研究高速铁路对知识密集型产业发展的影响。

第二节　高速铁路修建对知识密集型制造业影响实证研究

一、计量模型设定、变量说明及数据来源

（一）计量模型设定

针对本书研究对象构建高速铁路对知识密集型企业影响的面板计量模型。参照奥德瑞切（David B. Audretsch，2015）以及广木康多（Hiroshi Komikado et al.，2021）的做法，认为影响知识密集型企业发展的交通基础设施主要有高速铁路、公路和机场，交通基础设施是重要的解释变量，同时，也体现了该地区的知识密集型产业的投资环境，投资环境是各类企业投资的重要影响因素。此外，还有影响知识密集型企业发展的其他解释变量：一是高等学校招生数量。知识密集型企业在孵化过程中离不开智力支持，高等学校招生数量在一定程度上体现了该地区的知识密集型产业发展的人才基础。高等学校可以为知识密集型企业发展提供优质人力资源。二是第一、二产业以及第三产业的发展情况。这些指标在一定程度上考察了该地区三次产业的产业基础和经济基础。

本书对知识密集型企业发展的考察指标有以下两种：一是知识密集

型制造企业的数量（分为大中型知识密集型企业数量和小型知识密集型制造企业数量）；二是知识密集型制造企业的从业人员数量（分为大中型知识密集型制造企业从业人员数量和小型知识密集型制造企业从业人员数量）。其中，模型（7.2）是本节重点检验的模型，具体如下：

$$lntechnum_{it} = \alpha_1 + \beta_1 dummyhighspe_{i,t-1} + X_{it}\gamma_1 + \eta_t + u_i + \varepsilon_{it} \quad (7.1)$$

$$lntechperson_{it} = \alpha_2 + \beta_2 dummyhighspe_{i,t-1} + X_{it}\gamma_2 + \eta_t + u_i + \varepsilon_{it} \quad (7.2)$$

（二）变量说明

被解释变量分别是：$technum_{it}$ 指知识密集型制造企业的数量；$techperson_{it}$ 指知识密集型制造企业的从业人员数量；两者都取自然对数。为了更好地验证不同规模知识密集型企业的差异，在对知识密集型制造企业数量和从业人员数量的研究中按照《中国高技术产业统计年鉴》中对高技术制造企业的分类，分为大中型知识密集型企业和小型知识密集型企业两个子类进一步研究。大中型知识密集型制造企业数量用 $bigcomnum_{it}$ 表示，小型知识密集型制造企业用 $smacomnum_{it}$ 表示；大中型知识密集型制造企业从业人员数量用 $bigperson_{it}$ 表示；小型知识密集型制造企业从业人员数量用 $smaperson_{it}$ 表示；以上四个被解释变量均取自然对数。

解释变量有：$dummyhighspe_{i,t-1}$ 表示是否通高铁的二值变量，为防止产生内生性，使用滞后一期变量。

其他解释变量用 X_{it} 表示，主要包括：三次产业发展情况，三次产业发展情况分别用 $agriperson_{it}$（人均耕地面积）、$secper_{it}$（人均第二产业增加值）、$thirper_{it}$（人均第三产业增加值）表示；其他交通运输方式发展情况，分别用 $densiway_{it}$（公路路网密度）、$airportnum_{it}$（机场数量）、$enrollper_{it}$（高等学校每万人招生数量）。为更好地拟合数据，对数据有选择性地取自然对数，用 ln 表示。η_t 代表时间固定效应，u_i 代表个体固定效应。i 表示不同的省份，不包括港澳台；t 表示不同的年份，主要包括 2006～2021 年。

（三）数据来源

本章主要使用面板数据的固定效应模型（FE）和随机效应模型（RE），公路、高等学校招生数及三次产业数据主要来源于 2007～2022 年《中国统计年鉴》及 2007～2022 年各省份统计年鉴；机场数据主要来源于我国民用航空局的年度统计公报；高速铁路数据来源于国际铁路联合会（UIC）统计数据；知识密集型企业相关数据来源于 2007～2022 年《中国高技术产业统计年鉴》。本样本共有 14 个变量，6944 个观测值。表 7 - 1 是主要数据的描述性统计。

表 7 - 1　　　　　　　　　　主要变量统计性描述

变量	变量名称	单位	观测值	中值	标准差	最小值	最大值
techcompnum	知识密集型企业数量	个	496	786.8	1170	5	5802
techwornum	知识密集型企业从业人数	人	496	334325	663768	1060	3842156
bigcomnum	大中型知识密集型企业数	个	496	188.6	357.1	1	2346
bigperson	大中型知识密集型企业从业人数	人	496	258904	550848	270.5	3408618
smacomnum	小型知识密集型企业数	个	496	598.1	846.3	4	4257
smaperson	小型知识密集型企业从业人数	人	496	75421	122338	- 765.5	758615
airportnum	机场数量	个	496	5.476	3.313	1	22
dummyhighspe	是否有新通高速铁路	—	496	0.190	0.393	0	1

变量	变量名称	单位	观测值	中值	标准差	最小值	最大值
densiway	路网密度	千米/平方千米	496	0.778	0.434	0.040	1.610
enrollper	每万人高等教育招生数	人	496	48.82	16.13	19.43	424.81
agriperson	人均耕地面积	公顷	496	0.115	0.0864	0.00779	0.415
secper	人均第二次产业增加值	千元	496	15.15	8.826	2.658	60.88
thirper	人均第三次产业增加值	千元	496	13.75	11.52	2.461	150.25

资料来源：作者整理。

二、高速铁路修建对知识密集型制造业的影响回归分析

（一）高速铁路修建对知识密集型制造业总体影响

首先，从全国范围来看，高速铁路修建对高技术制造企业相关指标的影响。对模型（7.1）、模型（7.2）分别进行回归。其中，知识密集型制造企业的数量和高技术制造企业从业人数取自然对数。

从表7-2的回归结果可以看出，高速铁路的修建对知识密集型企业的从业人数的变动产生了显著的正向影响。经过豪斯曼检验，两组回归的P值分别是0和0.0001，意味着两组回归都不能拒绝固定效应。也就是说，上一期修建高速铁路的地区比没有修建高速铁路的地区当期知识密集型企业从业人数增长5.01%。而高速铁路的修建对知识密集型企业数量的影响不够显著。此外，还可以看出公路路网密度对知识密集型企业数量的影响更加显著。公路路网密度每增加一个单位，知识密集型企业的数量将增加102.5%。从产业发展的情况来看，人均第三产业

增加值每增加 1000 元，知识密集型企业数量会下降 3.21% ，而知识密集型企业从业人数会下降 2.73% ，第三产业的发展与知识密集型产业的发展呈反向关系，也就是说目前第三产业内部结构不甚合理，还未对知识密集型制造业发展的形成支撑作用，二者呈现此消彼长的关系①。

表 7 - 2　高速铁路修建对知识密集型产业的影响模型（7.1）、（7.2）回归结果

变量	知识密集型企业数量		知识密集型企业从业人数	
	FE	RE	FE	RE
dummyhighspe	0.0385 - 0.0303	0.0443 - 0.0344	0.0501 * - 0.0273	0.0578 * - 0.0318
densiway	1.025 ** - 0.46	1.412 *** - 0.447	0.778 - 0.678	1.328 ** - 0.612
airportnum	- 0.0175 - 0.0184	- 0.00239 - 0.0201	- 0.0852 ** - 0.0351	- 0.0630 * - 0.0346
agriperson	0.0393 - 0.485	- 0.398 - 0.336	- 0.374 - 0.351	- 0.921 *** - 0.273
secper	0.0238 *** - 0.0069	0.0231 *** - 0.00846	0.0197 - 0.0116	0.0195 - 0.0123
thirper	- 0.0321 *** - 0.00876	- 0.0282 *** - 0.00926	- 0.0273 ** - 0.01	- 0.0236 ** - 0.00946
enrollper	- 0.00491 - 0.00574	- 0.00112 - 0.00513	- 0.00555 - 0.00887	- 0.00153 - 0.00727
时间固定效应	有	有	有	有
个体固定效应	有	无	有	无

---

①　第三产业的组成中包括生产性服务业和生活性服务业等。其中，生产性服务业对知识密集型产业的发展具有重要的推动作用。第三产业与知识密集型制造业此消彼长的关系说明了我国第三产业内部结构不甚合理，普通服务业比重较高，没有对知识密集型产业起到积极的作用。

变量	知识密集型企业数量		知识密集型企业从业人数	
	FE	RE	FE	RE
_cons	5. 217 *** - 0. 463	4. 779 *** - 0. 474	11. 47 *** - 0. 733	10. 90 *** - 0. 709
N	495	495	495	495
R^2	0.544		0.628	

注: *表示 $p < 0.1$, **表示 $p < 0.05$, ***表示 $p < 0.01$。

(二) 高速铁路开通对不同规模知识密集型企业的影响

高速铁路建设对知识密集型制造企业从业人员的增加起到了显著作用，进一步证明了前文中对劳动力流动影响的判断，高速铁路修建对高学历、高素质劳动力的影响较大，直接带动了知识密集型产业的发展，而且主要是对知识密集型企业中的劳动力也就是从业人员数量的影响。从表7-2中可以看出，高速铁路建设对知识密集型企业总体的数量影响不够显著，而对知识密集型企业从业人员数量的影响非常显著。那么对不同规模的知识密集型企业影响是否存在差异呢？下面进一步分析高速铁路建设对大中型知识密集型企业和小型知识密集型企业从业人员数量的影响，两者均使用自然对数。

从表7-3来看，高速铁路的修建对小型知识密集型企业从业人员数量的增加起到了显著作用，有利于小型知识密集型企业规模的扩大。通过豪斯曼检验，两组回归的P值分别为0.0007和0.0001，说明两组回归都强烈地拒绝随机效应模型，不能拒绝固定效应模型。也就是说上一期修建高速铁路的地区比没有修建高速铁路的地区当期小型知识密集型企业从业人员数量增加7.37%。此外还可以看出，公路的修建对小型知识密集型企业从业人员数量的增加也起到了积极作用，公路路网密度每增加一个单位，小型知识密集型企业从业人员数量提高 100.4%。说明交通基础设施建设对小型知识密集型企业的发展起到了重要作用，有利于小型知识密集型企业吸引更多人才，扩大经营规模；而相对应的，高速铁路修建对大中型企业从业人员数量的影响不够显著。造成这一结果的原因有可能是小型企业比较灵活，比大型企业更容易调整发展方式和目标，并以此为参照快速做出人员调整。

表 7 - 3 **高速铁路对不同规模知识密集型企业从业人员数量的影响模型（7.2）回归结果**

变量	大中型知识密集型企业		小型知识密集型企业	
	FE	RE	FE	RE
dummyhighspe	0.0462 - 0.0354	0.0604 - 0.0408	0.0737 ** - 0.0316	0.0827 ** - 0.0385
densiway	0.793 - 0.869	1.667 ** - 0.703	1.004 * - 0.544	1.559 *** - 0.495
airportnum	- 0.119 ** - 0.0515	- 0.0792 * - 0.0479	- 0.00848 - 0.0185	0.015 - 0.0196
agriperson	- 0.364 - 0.361	- 1.303 *** - 0.318	0.368 - 0.483	- 0.373 - 0.258
secper	0.0204 - 0.0178	0.0207 - 0.0176	0.0178 ** - 0.00777	0.017 - 0.0104
thirper	- 0.0307 ** - 0.0136	- 0.0239 ** - 0.011	- 0.0268 *** - 0.0093	- 0.0219 ** - 0.0102
enrollper	- 0.00861 - 0.0135	- 0.00141 - 0.00984	- 0.00526 - 0.007	- 0.0000178 - 0.00572
时间固定效应	有	有	有	有
个体固定效应	有	无	有	无

续表

变量	大中型知识密集型企业		小型知识密集型企业	
	FE	RE	FE	RE
_cons	11.25 *** -1.037	10.28 *** -0.86	9.524 *** -0.488	8.924 *** -0.423
N	495	495	494	494
R^2	0.528		0.315	

注：* 表示 $p < 0.1$，** 表示 $p < 0.05$，*** 表示 $p < 0.01$。

三、稳健性检验

上文使用高速铁路二值变量对高速铁路建设与较高文化层次劳动力流动之间的关系以及高速铁路修建对知识密集型产业的影响进行研究，发现高速铁路对知识密集型企业从业人员数量以及小型知识密集型企业从业人员数量影响较大。为验证回归结果的稳健性，使用高速铁路修建里程（highmile，单位为千千米，滞后一期变量）代替高速铁路修建二值变量对以上模型结果进行进一步检验。

从表7-4回归结果可以看出，高速铁路的修建对小型知识密集型企业从业人员数量确实产生了显著影响，表7-3的回归结果是非常稳健。经过豪斯曼检验，两组回归的P值分别是0.0002和0.0001，说明两组回归都强烈的拒绝随机效应模型，不能拒绝固定效应模型。也就是说，上一期高速铁路每增加1000千米，当期小型知识密集型企业从业人员数量就会增加29.7%。而表7-2回归结果似乎不太稳健。高速铁路修建确实对知识密集型企业的规模产生影响，特别是对小型知识密集型企业人员的增加、规模的扩大起到了重要作用。

表7-4　　　　　　　　　　回归结果稳健性检验

变量	全部知识密集型企业		小型知识密集型企业	
	FE	RE	FE	RE
highmile	0.256	0.283 *	0.297 **	0.329 **
	-0.153	-0.169	-0.11	-0.129
densiway	0.799	1.334 **	1.032 *	1.579 ***
	-0.646	-0.588	-0.518	-0.474
airportnum	-0.0826 **	-0.0611 *	-0.00665	0.0165
	-0.0338	-0.0332	-0.0179	-0.0188
agriperson	-0.39	-0.918 ***	0.349	-0.381
	-0.341	-0.265	-0.476	-0.252
secper	0.0183	0.018	0.0161 **	0.0153
	-0.0113	-0.012	-0.00763	-0.0103
thirper	-0.0271 ***	-0.0235 **	-0.0266 ***	-0.0216 **
	-0.0098	-0.00916	-0.00909	-0.00998
enrollper	-0.00527	-0.00131	-0.00518	0.000117
	-0.00882	-0.00725	-0.00703	-0.00572
时间固定效应	有	有	有	有
个体固定效应	有	无	有	无
_cons	11.45 ***	10.88 ***	9.656 ***	9.042 ***
	-0.707	-0.691	-0.454	-0.412
N	495	495	494	494
R^2	0.634		0.345	

注：* 表示 $p < 0.1$，** 表示 $p < 0.05$，*** 表示 $p < 0.01$。

四、结论与启示

从上述分析可以看出，高速铁路的修建通过对劳动力流动特别是高素质、高水平劳动力流动的影响，优化了高素质劳动力在全国范围内的分布，对我国知识密集型产业整体的发展起到了极大的促进作用。知识溢出进一步促进了知识密集型制造业的发展，知识密集型制造企业从业人员数量明显增加，为知识密集型制造企业的发展注入了新的活力。此外，通过实证分析可以看出，高速铁路修建对知识密集型制造企业从业人员数量的增加带来的积极作用，主要体现在小型知识密集型制造企业从业人员数量的变化上。这说明高速铁路建设特别有利于地区小型知识密集型制造企业的发展，这与小型企业灵活多样的特征有关。因此，应当鼓励中西部地区发展中小型知识密集型企业，这有利于促进就业和区域经济的发展。

第三节　高速铁路修建对知识密集型服务业发展的影响

一、计量模型、变量说明及数据来源

根据前文对知识密集型服务业的界定，本节对高速铁路的修建与知识密集型服务业发展之间的关系进行研究。由于我国知识密集型服务业没有权威统计数据，本书参照国家标准，使用 2007～2022 年《中国固定资产投资统计年鉴》以及《中国第三产业统计年鉴》中的细分行业：信息传输、计算机服务和软件业；租赁和商务服务业；科学研究、技术服务和地质勘查业；水利、环境和公共设施管理业四个行业的新增固定资产的总和作为衡量我国知识密集型服务业发展情况的指标，并将其作为被解释变量之一。

根据前文的分析，高速铁路作为高速客运专线，对劳动力的流动产生影响，因此，知识密集型服务业从业人员的数量变化也是本节的研究重点。使用 2007～2022 年《中国劳动统计年鉴》中关于细分行业：信

息传输、计算机服务和软件业；租赁和商务服务业；科学研究、技术服务和地质勘查业；水利、环境和公共设施管理业等四个子行业城镇年末从业人员数的总和作为衡量我国知识密集型服务业从业人员变化的指标，并将其作为被解释变量之二。

在此，解释变量稍作调整，使用人均国内生产总值作为衡量经济发展情况的指标，使用高速铁路修建里程作为高速铁路建设情况的衡量指标，此外还有公路路网密度、机场数量和每万人高等学校招生等，均与前文相同，具体模型为：

$$techser_{it} = \alpha_3 + \beta_3 highmile_{i,t-1} + X_{it}\gamma_3 + \eta_t + u_i + \varepsilon_{it} \qquad (7.3)$$

$$techserwor_{it} = \alpha_4 + \beta_4 highmile_{i,t-1} + X_{it}\gamma_4 + \eta_t + u_i + \varepsilon_{it} \qquad (7.4)$$

其中，$techser_{it}$ 表示知识密集型服务业新增固定资产投资，$techserwor_{it}$ 表示知识密集型服务业年末从业人员数量。$highmile_{i,t-1}$ 表示高速铁路修建里程，单位为千千米，使用滞后一期变量。表 7 - 5 为主要变量描述性统计。

表 7 - 5　　　　　　　　主要变量描述性统计

变量	变量名	单位	观测值	均值	标准差	最小值	最大值
techser	知识密集型服务业新增固定资产投资	十亿元	496	48.55	46.77	1.394	315.9
techserwor	城镇知识密集型服务业年末从业人员数	万人	496	32.16	29.86	1.100	192.7
airportnum	机场数量	个	496	5.476	3.313	1	22
densiway	公路路网密度	千米/平方千米	496	0.778	0.434	0.0373	1.609
highmile	高速铁路修建里程	千千米	496	0.129	0.235	0	2.458
enrollper	每万人高等学校招生数	人	496	48.82	16.13	19.43	424.81
gdpper	人均国内生产总值	万元	496	3.234	1.947	0.579	18.398

二、高速铁路修建对知识密集型服务业的影响回归分析

（一）全国范围内高速铁路修建对知识密集型服务业的影响

首先研究全国范围内高速铁路修建对知识密集型产业的影响，分别对模型（7.3）和模型（7.4）进行回归，结果如表7-6所示。

表7-6　　　全国范围模型（7.3）和模型（7.4）回归结果

变量	新增固定资产		年末从业人员数	
	FE	RE	FE	RE
highmile	38.34 *** (11.16)	42.61 *** (10.52)	6.817 (4.070)	6.560 (4.391)
densiway	95.74 (57.90)	37.55 *** (11.40)	-10.18 (19.05)	10.68 (9.244)
airportnum	5.993 ** (2.636)	5.580 *** (2.045)	-1.024 (0.852)	-0.587 (0.999)
gdpper	18.51 ** (7.246)	6.764 (5.343)	3.765 (2.679)	5.157 (3.392)
enrollper	1.069 * (0.550)	0.0942 (0.364)	-0.623 * (0.324)	-0.454 ** (0.229)
时间固定效应	是	是	是	是
个体固定效应	是	否	是	否
_cons	-171.7 *** (57.45)	-66.16 *** (17.01)	55.70 ** (25.77)	29.20 * (16.81)
N	495	495	495	495
R^2	0.761		0.564	

注：* 表示 $p < 0.1$，** 表示 $p < 0.05$，*** 表示 $p < 0.01$。

从表 7 - 6 回归结果可以看出，高速铁路的修建对知识密集型服务业新增固定资产投资的变化起到了显著作用，而对知识密集型服务业从业人员数量的影响不够显著。经过豪斯曼检验，两组回归的 P 值分别为 0.0002 和 0.0040，意味着两组回归都强烈地拒绝随机效应模型，不能拒绝固定效应模型。具体来说，上一期高速铁路里程每增加 1000 千米，那么当期知识密集型服务业新增固定资产投资就会增加 383.4 亿元，并且在 5% 显著性水平上显著。此外，机场修建对知识密集型服务业新增固定资产投资也产生了显著影响，每增加一座机场，知识密集型服务业新增固定资产投资就会增加 59.93 亿元。可以看出，交通基础设施建设对知识密集型服务业新增固定资产投资的重要性。从以上回归结果还可以看出，人均国内生产总值和每万人高等教育招生数也是影响知识密集型服务业新增固定资产投资的重要因素。

（二）高速铁路修建对东中西部知识密集型服务业的影响

1. 东部地区

因为我国东、中、西部的现实经济和社会发展差异，高速铁路修建对不同区域的知识密集型服务业的影响也会有所不同。下面仍然使用模型（7.4）和模型（7.5）对我国不同区域的情况展开分析。

从表 7 - 7 的回归结果可以看出，高速铁路的修建对东部地区知识密集型服务业新增固定资产投资和从业人员数量的影响都很大。经过豪斯曼检验，两组回归的 P 值分别是 0.1036 和 0，说明前一组回归不能拒绝随机效应模型，后一组回归不能拒绝固定效应模型。也就是说，上一期高速铁路修建里程每增加 1000 千米，东部地区当期知识密集型服务业新增固定资产投资就会增加 442.8 亿元，知识密集型服务业从业人员数量会增加 17.03 万人。此外，机场的修建对东部地区知识密集型服务业的发展也有积极作用。每增加一座机场，知识密集型服务业新增固定资产会增加 334.1 亿元。从回归结果中还可以看出，东部地区的经济水平和教育发展程度都对知识密集型服务业在东部地区的发展起到了积极作用。

表 7 – 7　　　　东部地区模型（7.3）和模型（7.4）回归结果

变量	新增固定资产		年末从业人员数	
	FE	RE	FE	RE
highmile	37.83 ** (16.31)	44.28 ** (17.39)	17.03 *** (4.429)	16.36 ** (6.387)
densiway	– 16.42 (107.7)	– 60.16 (44.03)	– 73.61 *** (17.23)	– 2.699 (13.06)
airportnum	33.41 *** (8.625)	24.41 *** (5.929)	0.0866 (3.211)	0.184 (3.578)
gdpper	24.44 ** (9.869)	15.61 * (9.063)	2.523 (3.221)	6.204 (6.258)
enrollper	1.730 ** (0.567)	1.182 * (0.615)	– 0.709 ** (0.309)	– 0.229 * (0.118)
时间固定效应	是	是	是	是
个体固定效应	是	否	是	否
_cons	– 296.6 ** (115.1)	– 163.9 ** (72.39)	132.4 *** (27.46)	29.01 (28.57)
N	175	175	175	175
R^2	0.834		0.712	

注：* 表示 $p < 0.1$，** 表示 $p < 0.05$，*** 表示 $p < 0.01$。

2. 中部地区

下面对中部地区高速铁路修建与知识密集型服务业发展的关系进行研究。

从表 7 - 8 的回归结果可以看出，中部地区高速铁路的修建对知识密集型服务业的发展起到了显著作用。经过豪斯曼检验，两组回归的 P 值分别是 0.3128 和 0.1593，均强烈的拒绝固定效应模型，选择随机效应模型。也就是说中部地区上一期高速铁路里程每增加 1000 千米，当期知识密集型服务业的新增固定资产增加 221.3 亿元，知识密集型服务业从业人员数量会增加 3.04 万。此外，公路路网密度的提高和机场数量的增加也会促进中部地区知识密集型服务业的发展。具体来看，中部地区公路路网密度每提高一个单位，就会带来知识密集型服务业新增固定资产增加 258.9 亿元，而高级数从业人员数量会增加 13.69 万人。中部地区每增加一座机场会导致知识密集型服务业从业人员数量增加 0.784 万人。说明交通基础设施建设对中部地区知识密集型服务业的发展起到了非常重要的作用。从回归结果中还可以看出，经济发展水平也是促进中部地区知识密集型服务业发展的重要因素。

表 7 - 8　　　中部地区模型（7.3）和模型（7.4）回归结果

变量	新增固定资产		年末从业人员数	
	FE	RE	FE	RE
highmile	9.049 (13.80)	22.13 *** (7.798)	2.492 (1.495)	3.040 *** (1.007)
densiway	130.2 *** (32.37)	25.89 *** (10.02)	16.80 ** (6.908)	13.69 *** (4.158)
airportnum	-1.750 (3.156)	-1.909 (2.203)	0.711 ** (0.264)	0.784 *** (0.202)
gdpper	-16.67 (14.32)	-3.781 (10.29)	2.565 ** (0.883)	3.514 *** (1.353)
enrollper	0.341 (1.158)	-0.0959 (0.474)	-0.0218 (0.0861)	-0.0332 (0.0746)
时间固定效应	是	是	是	是

变量	新增固定资产		年末从业人员数	
	FE	RE	FE	RE
个体固定效应	是	否	是	否
_cons	-75.94 (62.26)	4.938 (33.63)	4.311 (7.174)	5.431 (5.813)
N	127	127	127	127
R^2	0.913		0.879	

注：* 表示 $p < 0.1$，** 表示 $p < 0.05$，*** 表示 $p < 0.01$。

3. 西部地区

下面对西部地区高速铁路对知识密集型服务业的发展的影响进行回归分析。从表 7 - 9 的回归结果可以看出，西部地区高速铁路的修建对知识密集型服务业的发展起到了显著作用。经过豪斯曼检验，两组回归的 P 值分别是 0.0361 和 0.0347，说明两组回归都强烈的拒绝随机效应模型，选择固定效应模型。意味着，上一期高速铁路的里程每增加 1000 千米，西部地区知识密集型服务业新固定资产就会增加 478 亿元。此外，公路路网密度的增加对西部地区知识密集型服务业的发展也起到了显著作用，公路路网密度每增加一个单位，西部地区知识密集型服务业新增固定资产就会增加 2121 亿元。西部地区经济发展也对知识密集型服务业的发展起到了显著作用。

表 7 - 9　　西部地区模型（7.3）和模型（7.4）回归结果

变量	新增固定资产		年末从业人员数	
	FE	RE	FE	RE
highmile	47.80 ** (19.30)	35.06 (23.03)	4.458 (4.162)	7.057 (5.187)

变量	新增固定资产		年末从业人员数	
	FE	RE	FE	RE
densiway	212.1 * (116.9)	47.92 (29.31)	21.03 (15.67)	11.56 (9.625)
airportnum	3.287 (3.721)	3.318 ** (1.544)	−0.718 (0.545)	0.206 (0.533)
gdpper	17.48 ** (6.547)	14.48 *** (5.277)	0.964 (0.917)	0.197 (1.191)
enrollper	−0.538 (1.468)	0.432 (0.428)	0.0305 (0.185)	0.199 * (0.110)
时间固定效应	是	是	是	是
个体固定效应	是	否	是	否
_cons	−94.88 * (44.49)	−59.39 *** (10.16)	8.053 (7.137)	1.492 (6.213)
N	191	191	191	191
R^2	0.769		0.664	

注：* 表示 $p < 0.1$，** 表示 $p < 0.05$，*** 表示 $p < 0.01$。

三、稳健性检验

从表7-6～表7-9的回归结果可以看出，高速铁路的修建对全国范围和东、中、西部的固定资产投资都起到了显著作用。而高速铁路修建对东部和中部地区知识密集型服务业从业人员数量的增加起到了积极作用。下面，针对上述结果分别进行稳健性检验，使用最大似然估计法（MLE）分别对模型（7.4）和模型（7.5）进行回归。

从表7-10回归结果来看，全国和东中部地区的结果比较稳健，西部地区不够稳健。也就是说使用最大似然估计法对模型（7.3）进行回归，结果显示高速铁路修建对全国还有东中部地区的知识密集型服务业新增固定资产投资起到了显著的正向效应，而西部地区结果不够显著。说明前文的回归结果中，全国和东中部地区的回归结果是具有很强的可信度的。

表 7 – 10 稳健性检验模型（7.3）回归结果

变量	MLE			
	全国	东部	中部	西部
highmile	42.60 *** (7.224)	43.70 *** (12.86)	24.23 *** (8.781)	34.79 (29.16)
densiway	37.54 *** (11.57)	– 63.14 * (36.40)	25.52 *** (8.666)	43.68 ** (17.69)
airportnum	5.583 *** (1.203)	25.39 *** (4.435)	– 1.530 (1.550)	3.347 *** (1.206)
gdpper	6.797 ** (2.646)	17.02 *** (6.345)	0.0903 (7.468)	14.05 *** (4.289)
enrollper	0.0956 (0.254)	1.241 ** (0.484)	– 0.152 (0.325)	0.440 (0.417)
时间固定效应	是	是	是	是
个体固定效应	否	否	否	否
_cons	– 66.28 *** (15.84)	– 172.5 *** (47.32)	0.220 (24.18)	– 57.60 *** (16.15)
N	495	175	127	191

注：* 表示 $p < 0.1$，** 表示 $p < 0.05$，*** 表示 $p < 0.01$。

从表 7 – 11 的回归结果来看，东部地区和中部地区的回归结果都非常显著。说明高速铁路的修建确实对东部地区和中部地区知识密集型服务业从业人员的数量的变化起到了显著的正向作用。表明前文的回归结果非常稳健，具有很强的可信度。

表7-11　　　　　稳健性检验模型（7.4）回归结果

变量	MLE	
	东部	中部
highmile	16.79 *** (4.914)	3.939 * (2.150)
densiway	-55.58 ** (23.14)	23.50 *** (4.009)
airportnum	-0.00932 (2.179)	2.090 *** (0.490)
gdpper	3.051 (2.314)	16.05 *** (0.894)
enrollper	-0.595 *** (0.222)	0.128 (0.149)
时间固定效应	是	是
个体固定效应	否	否
_cons	109.6 *** (30.73)	-30.79 *** (8.502)
N	175	127

注：* 表示 $p<0.1$，** 表示 $p<0.05$，*** 表示 $p<0.0$。

四、内生性问题

在上述研究中，模型可能存在遗漏变量，解释变量与随机扰动项可能存在相关性，从而使模型存在内生性问题。为此，本书采取以下措施来解决内生性问题：第一，使用高速铁路滞后一期变量。在对交通基础设施的研究中，往往采用滞后一期变量来防止内生性问题。第二，使用面板数据模型可以在一定程度上缓解遗漏变量和内生性问题。第三，使用系统 GMM 估计方法来进一步解决内生性问题。选取全国数据，进行系统 GMM 估计，由 GMM 估计生成的滞后变量作为内生性变量的工具变量来进行检验。

从表 7 – 12 来看，使用系统 GMM 方法进行回归以后，被解释变量的一阶和二阶滞后都很显著，解释变量中，高速铁路修建里程一阶滞后也很显著。经过二阶自相关检验，检验结果为 0.8797，也就是接受原假设，扰动项无二阶自相关。对所有工具变量有效性进行检验发现，P 值为 0.3613，也就是接受原假设"所有工具变量均有效"。通过使用工具变量，发现高速铁路的作用仍然十分显著，说明高速铁路修建里程滞后变量对知识密集型服务业固定资产增加所起到的作用是毋庸置疑的。

表 7 – 12　　　　　　　　　系统 GMM 方法进行内生性检验

变量	系统 GMM
L. techser	0.287 ** – 0.126
L2. techser	0.860 *** – 0.171
highmile_1	37.68 * – 20.22
densiway	17.27 – 18.51
airportnum	7.945 *** – 1.829

变量	系统 GMM
enrollper	0. 427 − 0. 3
gdpper	− 4. 39 − 3. 4
_cons	− 54. 76 *** − 14. 99
N	434

注：* 表示 $p < 0.1$，** 表示 $p < 0.05$，*** 表示 $p < 0.01$。

第四节　本章小结

从本章的研究来看，高速铁路修建确实对我国知识密集型服务业的发展产生了极大的促进作用。其作用途径分为两种，第一，高速铁路的修建改善了地区投资环境，使交通更方便快捷，更多的知识密集型企业愿意在修建高速铁路的地区进行投资，全国范围内和各个区域的知识密集型服务业新增固定资产与高速铁路的发展存在显著的正向关系。第二，高速铁路的修建对劳动力快速流动产生了显著影响，影响了知识密集型服务业的发展。交通的便利和企业投资的扩大，使得更多从事知识密集型服务业的人才愿意在这些地区工作。从回归结果可以看出，高速铁路的修建使得东部和中部地区的知识密集型服务业从业人员数量增加，有利于当地知识密集型服务业的发展。

通过回归结果的对比可以看出，高速铁路建设对知识密集型服务业的发展影响更加均衡，不论从全国范围来看还是区域范围来看，高速铁路的建设对服务业投资的影响都十分显著。对知识密集型产业从业人员的影响来看，西部地区的第三产业不甚发达，因此，对西部地区知识密集型产业的发展影响主要体现在制造业方面，对服务业的作用不是特别明显；高速铁路建设对服务业的影响主要还是体现在中东部地区。但是，随着西部地区知识密集型服务业投资的增加，将会使更多企业向西部地区聚集，从而进一步带动高学历人才向西部地区的流动。在此想要说明的是，由于对知识密集型服务业研究所采用的数据不够完备，并未完全包括国家统计局所规定的所有知识密集型服务业细分产业的发展情况，所得结果也许存在一定的局限性。

第八章

本书主要结论及政策建议

第一节　本书主要结论

高速铁路具有一般商品的属性，一方面满足了人们的出行需要；另一方面创造了社会财富。从我国及世界各国的经营来看，高速铁路运营中大多数都处于亏损状态，这与铁路等公共基础设施的准公共商品属性相一致。高速铁路作为一种新型交通工具，对我国公路交通和航空客运都产生了一定的影响，本书重点研究了高速铁路与航空客运之间的竞合关系。经过实证研究发现，高速铁路的修建确实从总体上对我国的航空客运产生了影响，但是不同的区域受到的影响又不尽相同。高速铁路修建对东部地区的航空客运影响不大，对中部地区航空客运是显著的正效应，对西部地区的影响是显著的负效应。这说明高速铁路的修建对航空客运不都是负效应，还存在互相促进的作用。从立体交通网络的建设来看，每种交通运输方式都是整个交通网络的一部分，每一种交通运输方式都无法满足所有的出行需要，因此，实现"门到门"交通运输服务比空铁竞争更加重要。

高速铁路对我国经济的影响更多的是体现在其外部经济上。随着我国高速铁路建设的逐步推进，高速铁路对我国企业和劳动力的迁移起到了促进作用。这一作用十分显著地体现在各种教育背景劳动力流动上，不论是区域劳动力的数量还是劳动力的结构都发生着较大变化。随着高速铁路建设的逐步推进，高学历劳动力向东部地区流动不再是唯一趋势，而出现了高学历、高素质劳动力回流的现象。这种现象明显地体现在西部地区无论是高学历劳动力的绝对数量，还是相对比重都有了显著的提高。这说明，我国高速铁路建设对劳动力向西部地区流动起到的作用比东中部地区要更加显著，高速铁路修建对西部地区的意义更为重要。

从产业发展的情况来看，高速铁路对我国知识密集型产业的发展也起到了十分重要的作用。从知识密集型制造业来看，高速铁路的修建对知识密集型制造业的规模扩大起到了积极作用，尤其是促进了小型知识密集型制造业规模的扩大。从知识密集型服务业的发展来看，高速铁路的修建对知识密集型服务业的发展也起到了重要作用。无论是从全国范围内来看，还是从东、中、西各个区域来看，高速铁路的修建都对知识密集型服务业固定资产投资起到了显著作用；而知识密集型服务业从业人数也随之增加，特别是东中部地区知识密集型服务业从业人员数量有了显著提高。总体来看，高速铁路修建对知识密集型服务业的影响要更加均衡，与知识密集型制造业相比影响更加显著。

第二节　本书的启示及政策建议

一、重视立体交通网络的建设

高速铁路出现以后，学者们非常关注对空铁竞争的研究。从研究的结果来看，大多学者认为高速铁路对航空客运产生了不利影响。但是，从一些国家的情况来看，冲击往往是暂时的，随着航空客运经营策略的调整和服务的改进，不利的局面逐渐改善。从我国的情况来看，高速铁路已经对航空客运产生了不利影响，有些航线的客流下降很快，但是应该认识到，各种交通运输方式都是整个交通运输网络的重要组成部分，缺一不可。特别是长途旅行、国际旅行，仍然离不开航空运输服务，高速铁路虽然对航空客运产生冲击，但无法完全取代航空运输。在进行高速铁路建设的过程中，更应该重视各种交通运输方式的衔接，实现全方位的交通运输服务。从经济学的角度来看，旅行时间的耗费带来的是负效应，因此，旅行时间越短越好，减轻旅途劳顿，特别是在通勤过程中，安全舒适的旅行在一定程度上可以提高工作效率。我国目前的交通基础设施建设与发达国家还有一定差距，即使在发达的京沪地区，交通运输也存在很多问题，不同交通运输方式对接不畅，影响了出行效率。因此，交通基础设施建设还要"以人为本"，从民众的日常需求出发进行规划设计，使各种运输方式实现"无缝对接"，让民众出行有更多的选择，最大程度上实现各种运输方式的相互促进作用。

二、重视西部地区高速铁路建设

从克鲁格曼的中心—外围模型中可以看出，区域经济的集聚是一种必然趋势，而在世界各国的经济发展过程中，城市的形成就是集聚的结果。我国改革开放以后，经济集聚的趋势非常明显，表现在人才都向东部地区聚集，这样造成了中西部差距的进一步拉大。按照中心—外围原理，虽然地区经济发展存在路径依赖和锁定效应，但是，也有外在力量可以打破这种锁定效应。随着东部地区竞争加剧，劳动力价格高企，人才向东部地区流动的趋势有所减缓。高速铁路建设不但便利交通，更重要的是加强了地区之间科技、信息、知识的交流和沟通，促进了知识溢出，使得落后地区可以更快地掌握更加先进的技术，西部地区的投资环境随之改善，企业更愿意到中西部地区投资，而且西部落后地区从高速铁路建设中获得的好处更多、更加明显。

三、中西部地区应大力发展知识密集型产业

高速铁路作为一种新型交通运输方式，除了方便快捷，也被认为是一种环境友好型运输方式，单位能耗均低于其他交通工具，体现了现代科技对交通运输工具的改造和创新。中西部地区在产业发展方面要以此为思路，承接东部地区产业转移时，不能将高污染、高能耗产业作为承接对象，重走东部地区先污染后治理的老路。知识密集型产业能耗低、附加价值大，是未来产业发展的方向。中西部地区应当抓住高速铁路修建带来的"跨越式发展"的重大机遇，大力发展知识密集型产业。从目前的情况来看，高速铁路确实已经带动了中西部地区知识密集型产业的投资，并且极大地促进了小型知识密集型企业规模的扩大，因此，要加大对小型知识密集型企业的扶持力度，加快小企业成长。

四、中西部地区应加快教育发展、加强人才引进

从本书的研究结果来看，高速铁路的发展优化了投资环境，带来更多就业机会，吸引更多高素质人才的流入。目前东部地区人才饱和、房价高企、生活成本上升，中西部地区应借机继续采取措施吸引高素质、高技术人才，扶持中小科技企业发展。同时，中西部地区由于经济发展较东部地区落后，对教育的投入也低于东部地区，这就导致中西部地区无法吸引高水平人才服务当地教育事业。一方面，中西部地区要借助高速铁路带来的便利，加强与东部地区的教育文化交流，吸收东部地区先进的教育教学理念；另一方面，也要制定切实可行的政策引进教育人

才，保证政策的正常实施和全面贯彻，从根本上改变中西部地区教育的落后面貌。除高速铁路外，也要加强其他类型的基础设施建设，为人才引进和高科技企业设立创造更好的发展环境，形成"共振"效应。

五、中西部地区应大力发展第三产业及配套产业

中西部地区工业化还未完成，导致第三产业发展也较为落后，没有对知识密集型产业发展形成有力支撑。从本书的分析结果来看，第三产业仍然是中西部地区经济发展的薄弱环节，因此应当优化三次产业的内部结构，依托第二产业优先发展生产性服务业，如技术服务、商务服务、信息服务等，为知识密集型产业的发展提供智力支持。一方面可以加快中西部地区工业化进程；另一方面也可以促进中西部地区第三产业发展，优化产业结构。

参 考 文 献

［1］白钦先，杨涤.21世纪新资源理论——关于国民财富源泉的最新研究［M］.北京：中国金融出版社，2006：112-117.

［2］卜伟，王若雅，芮光伟.高铁差别定价研究［J］.北京交通大学学报（社会科学版），2019（1）.

［3］曹玉平，侯迎信.交通基础设施升级、旅游资源与城市旅游业发展——来自高速铁路开通的准自然实验［J］.海南大学学报（人文社会科学版），2024（1）.

［4］陈岱孙.市场经济百科全书（上）［M］.北京：中国大百科全书出版社，1998：482-483.

［5］陈建成.总部经济与农业科技园区发展［M］.北京：知识产权出版社，2008：1-2.

［6］陈太明，齐鹰飞，杜两省.交通网络密度、国内市场一体化与家庭消费过度敏感性［J］.财贸经济，2023（12）.

［7］陈卫，王若丞.高铁对中国城镇化发展的影响［J］.人口研究，2020（3）.

［8］大卫·李嘉图.政治经济学及赋税原理［M］.北京：华夏出版社，2005：186-190.

［9］邓涛涛，闫昱霖，王丹丹.高速铁路对中国城市人口规模变化的影响［J］.财贸研究，2019（11）.

［10］邓涛涛，赵磊，马木兰.长三角高速铁路网对城市旅游业发

展的影响研究 [J]. 旅游管理 2016 (1).

[11] 丁如曦, 倪鹏飞. 中国经济空间的新格局: 基于城市房地产视角 [J]. 中国工业经济, 2017 (5).

[12] 冯兵, 郑玲莉, 周怡然. 高速铁路对区域产业发展的影响分析——以湖北为例 [J]. 湖北社会科学, 2014 (5).

[13] 高铁见闻. 高铁风云录 [M]. 长沙: 湖南文艺出版社, 2015: 198 - 200.

[14] 郭嘉颖, 吴威, 曹有挥, 等. 铁路高速化对长三角城市群区域空间联系格局的影响 [J]. 长江流域资源与环境, 2019 (12).

[15] 郝寿义. 区域经济学原理 [M]. 上海: 上海人民出版社, 2007: 15 - 16.

[16] 何丹, 杨犇. 高速铁路对沿线地区可达性的影响研究——以皖北地区为例 [J]. 长江流域资源与环境, 2013 (10).

[17] 何雄浪, 李国平. 运输成本、交易成本与交易效率——新古典经济学分析框架的矫正 [J]. 学术月刊, 2007 (4).

[18] 胡浩, 陈彦煌. 贸易自由化、产业聚集与失业: 新经济地理观 [J]. 世界经济, 2011 (3).

[19] 胡曙光. 克鲁格曼经济思想评述 [J]. 财贸经济, 2009 (1).

[20] 华广敏, 黄伟. 中国高技术服务业与制造业融合发展分析——基于 2015 年 OECD 数据库非竞争型 I - O [J]. 科研管理, 2020 (5).

[21] 姜博, 初楠臣, 王媛, 等. 高速铁路影响下的城市可达性测度及其空间格局模拟分析——以哈大高铁为例 [J]. 经济地理, 2014 (11).

[22] 金懋, 欧国立. 运输经济理论研究评述 [J]. 生产力研究, 2010 (9).

[23] 来逢波, 刘春梅, 荣朝和. 高速铁路对区域经济发展的影响效应及实证检验 [J]. 东岳论丛, 2016 (6).

[24] 兰英. 从产业关联性看高速铁路对我国铁路装备制造业的拉动作用 [J]. 管理现代化, 2009 (6).

[25] 李冬新, 王柬力, 王云婷. 中日韩与东盟在数字经济领域的竞合——以数字贸易为例 [J]. 南洋问题研究, 2024 (1).

[26] 李涵, 黎志刚. 交通基础设施投资对企业库存的影响——基于我国制造业企业面板数据的实证研究 [J]. 管理世界, 2009 (8).

[27] 李红昌, Linda Tjia, 柳顺香. 中国高速铁路对沿线城市经济集聚与均等化的影响 [J]. 数量经济技术经济研究, 2016 (11).

[28] 李红昌, 刘悦, 王新宇, 等. 高速铁路建设时机: 基于我国城市面板数据的计量分析 [J]. 技术经济, 2021 (12).

[29] 李建梅, 刘庆芳, 胡昊天, 等. 安徽省各市区、县域高铁可达性及其与经济潜力协调发展 [J]. 经济地理, 2022 (11).

[30] 李金滟, 宋德勇. 新经济地理视角中的城市集聚理论述评 [J]. 经济学动态, 2008 (11).

[31] 李祥妹, 刘亚洲, 曹丽萍. 高速铁路建设对人口流动空间的影响研究 [J]. 中国人口资源与环境, 2014 (6).

[32] 李宗明, 刘敏, 高兴民. 高速铁路网对城市圈旅游经济增长的空间效应分析 [J]. 经济问题探索, 2019 (10).

[33] 梁琦, 丁树, 王如玉. 总部集聚与工厂选址 [J]. 经济学季刊, 2012 (11).

[34] 林乐芬. 发展经济学 [M]. 南京: 南京大学出版社, 2007: 55-57.

[35] 刘凤元, 李晴, 李波, 等. 国外竞合战略的理论研究概述 [J]. 现代管理科学, 2013 (6).

[36] 刘衡, 王龙伟, 李垣. 竞合理论研究前沿探析 [J]. 外国经济与管理, 2009 (9).

[37] 刘生龙, 胡鞍钢. 交通基础设施与中国区域经济一体化 [J].

经济研究，2011（3）.

［38］刘贤腾．空间可达性研究综述［J］.城市交通，2007（6）.

［39］刘玉龙．区域经济分析：理论与模型［M］.北京：中国科学技术出版社，1997：9－10.

［40］刘志高，尹贻梅．经济地理学与经济学关系的历史考察［J］.经济地理，2006（5）.

［41］刘志阳．中国总部经济的过度竞争与治理［J］.学术月刊，2013（3）.

［42］马江生．中国社会主义建设词典［M］.西安：陕西人民出版社，1989：589.

［43］马克思．资本论（第二卷）［M］.北京：人民出版社，2004：167－169.

［44］马克思．资本论（第一卷）［M］.北京：人民出版社，2004：441－442.

［45］马歇尔．经济学原理（上卷）［M］.北京：商务印书馆，1964：84－268.

［46］马歇尔．经济学原理（下卷）［M］.北京：商务印书馆，1965：126.

［47］萨伊．政治经济学概论［M］.北京：商务印书馆，1963：103－405.

［48］盛斌，王岚．新经济地理、产业布局与国际分工：一个文献综述［J］.东南大学学报（哲学社会科学版），2011（6）.

［49］苏东水．产业经济学［M］.北京：高等教育出版社，2010：362－380.

［50］孙鹏博，葛力铭．通向低碳之路：高铁开通对工业碳排放的影响［J］.世界经济，2021（10）.

［51］唐可月．高速铁路对沿线站点城市经济发展的影响——以哈大

高铁和郑西高铁为例［J］.北京交通大学学报（社会科学版），2020（4）.

［52］唐升，李红昌，郝璐璐，等.交通基础设施与区域经济增长：基于多种运输方式的分析［J］.中国软科学，2021（5）.

［53］王春杨，孟卫东，凌星元.高铁能否提升沿线城市的创新能力？——基于地级城市专利数据的分析［J］.研究与发展管理，2020（3）.

［54］王洁，刘亚萍.高速铁路与城市旅游发展研究——以武汉市武广高铁旅游发展为例［J］.资源开发与市场，2011（12）.

［55］王茜.基于成本和时间价值的高铁客运票价制定机理研究［D］.北京：北京交通大学，2014.

［56］王巍，马慧.高速铁路网络、劳动力转移与产业空间集聚［J］.当代经济管理，2019（12）.

［57］王雨飞，倪鹏飞.高速铁路影响下的经济增长溢出与区域空间优化［J］.中国工业经济，2016（2）.

［58］王媛，刘诗瑶.新设高铁站推动了非中心城市的经济活动分散化吗——基于微观地理数据的经验证据［J］.中国经济问题，2022（6）.

［59］文雁兵，张梦婷，俞峰.中国交通基础设施的资源再配置效应［J］.经济研究，2022（1）.

［60］吴海燕.经济学原理［M］.北京：经济科学出版社，2008：234-235.

［61］吴昊，张馨月.高铁对沿线城市旅游业发展影响研究——以京广高铁为例［J］.经济问题，2020（11）.

［62］夏征农.辞海四［M］.上海：上海辞书出版社，2002：2381.

［63］谢安周，王学仁，李存斌.实用水利经济与管理词典［M］.北京：中国科学技术出版社，1998：132.

［64］亚当·斯密.国富论［M］.武汉：武汉出版社，2010：8-92.

［65］杨锦英，郑欢，方行明.中国东西部发展差异的理论分析与

经验验证［J］. 经济学动态，2012（8）.

［66］殷平. 高速铁路与旅游业：成果评述与经验启示［J］. 旅游学刊，2012（6）.

［67］殷平，何嬴，袁园. 城际高铁背景下区域旅游产业的深度融合发展［J］. 新视野，2016（1）.

［68］游悠洋，杨浩然. 中国高铁开通地级市的房地产投资空间格局分析［J］. 世界地理研究，2021（5）.

［69］约翰·冯·杜能. 孤立国同农业和国民经济的关系［M］. 北京：商务印书馆，1986：26－33.

［70］湛泳，田知敏慧. 高速铁路对居民消费的空间溢出效应研究［J］. 消费经济，2020（2）.

［71］张光南，李小瑛，陈广汉. 中国基础设施的就业、产出和投资效应——基于1998－2006年省际工业企业面板数据研究［J］. 管理世界，2010（4）.

［72］张克中，陶东杰. 交通基础设施的经济分布效应——来自高铁开通的证据［J］. 经济学动态，2016（6）.

［73］张丽丽，郑江淮. 国外总部经济研究进展与述评［J］. 上海经济研究，2011（4）.

［74］张琼，张翔，孙婷婷. 空铁联运对城市经济发展的影响——基于理论分析和长三角地区的实证检验［J］. 数理统计与管理，2023（5）.

［75］张文华. 博弈论视角下民航客运与高铁协同演进研究［J］. 物流工程与管理，2016（5）.

［76］赵丹，张京祥. 高速铁路影响下的长三角城市群可达性空间格局演变［J］. 长江流域资源与环境，2014（4）.

［77］赵弘. 论"总部经济"与振兴北京现代制造业［J］. 首都经济，2003（3）.

[78] 赵丽娜. 总部经济与区域经济发展——以山东总部经济发展为例 [J]. 理论学刊, 2015 (11).

[79] 赵林如. 市场经济学大辞典 [M]. 北京: 经济科学出版社, 1999: 26.

[80] 赵祥, 李方. 从注重"地的繁荣"转向追求"人的幸福"——新时代区域协调发展新目标与新趋势研究 [J]. 当代经济研究, 2022 (7).

[81] 赵云, 李雪梅. 基于可达性的知识溢出估计模型——高速铁路网络的影响分析 [J]. 软科学, 2015 (5).

[82] 中国百科大辞典编委会. 中国百科大辞典 [M]. 北京: 华夏出版社, 1990: 328.

[83]《中国大百科全书》编委会. 中国大百科全书 交通 [M]. 北京: 中国大百科全书出版社, 1986: 136 – 467.

[84] 中国 2007 年投入产出表分析应用课题组. 基于 2007 年投入产出表的我国投资城市测算和变动分析 [J]. 统计研究, 2011 (3).

[85] 周浩, 郑筱婷. 交通基础设施质量与经济增长——来自中国铁路提速的证据 [J]. 世界经济, 2012 (1).

[86] 周申, 倪何永乐. 高铁建设是否降低了省内地区收入差距?——基于卫星灯光数据的经验研究 [J]. 现代经济探讨, 2022 (3).

[87] 朱桃杏, 陆军. 高铁对区域科技创新协调的作用机制与效率分析 [J]. 科技进步与对策, 2015 (6).

[88] 朱文涛, 顾乃华, 刘胜. 高速铁路与制造业集聚的空间异质性 [J]. 财贸经济, 2022 (3).

[89] 宗刚, 张雪薇. 高速铁路、技术创新与经济高质量发展——实证检验与机制研究 [J]. 山西财经大学学报, 2020 (12).

[90] 邹薇, 陈亮恒. 高速铁路开通对企业生产率的影响: 传导机制与实证检验 [J]. 武汉大学学报, 2020 (1).

[91] A Monzón, E Ortega, E López. Efficiency and Spatial Equity Impacts of High-speed Rail Extensions in Urban Areas [J]. Cities, 2013 (2): 18 - 30.

[92] Amparo Moyano, Hector S. Martínez, Jose M. Coronado. From network to services: A comparative accessibility analysis of the Spanish high-speed rail system [J]. Transport Policy, 2018 (3): 51 - 60.

[93] Andrés López - Pita, Francesc Robusté Anton. The effects of high-speed rail on the reduction of air traffic congestion [J]. Journal of Public Transportation, 2003 (1): 37 - 52.

[94] Ashish Verma, H. S. Sudhira, Sujaya Rathi, Robin King, Nibedita Dash. Sustainable urbanization using high speed rail (HSR) in Karnataka India [J]. Research in Transportation Economics, 2013 (1): 67 - 77.

[95] Avinash K. Dixit and Joseph E. Stiglitz. Monopolistic Competition and Optimum Product Diversity [J]. The American Economic Review, 1977 (3): 297 - 308.

[96] Blum U, Haynes K E, Karlsson C. Introduction to the special issue: The regional and urban effects of high-speed trains [J]. Annals of Regional Science, 1997 (1): 1 - 20.

[97] Brian Sands. The Development Effects of High - Speed Rail Stations and Implications for California [J]. Built Environment, 1993 (3): 257 - 284.

[98] Cervero R, Bernick M. High-speed rail and development of California's central valley: Comparative lessons and public policy considerations [Z]. Working Paper, 1996.

[99] Chia - Lin Chen. Peter Hall, The Impacts of High-speed Trains on British Economic Geography: a Study of the UK's InterCity 125/225 and Its

Effects [J]. Journal of Transport Geography, 2011 (4): 689 – 704.

[100] Chia – Lin Chen, Peter Hall. The Wider Spatial-economic Impacts of High-speed Trains: a Comparative Case Study of Manchester and Lille Sub-regions [J]. Journal of Transport Geography, 2012 (4): 89 – 110.

[101] Daniel Albalate, Germà Be, Xavier Fageda. Competition and cooperation between high-speed rail and air transportation services in Europe [J]. Journal of Transport Geography, 2015 (1): 166 – 174.

[102] David B. Audretsch, Diana Heger, Tobias Veith. Infrastructure and entrepreneurship [J]. Small Business Economics, 2015 (2): 219 – 230.

[103] David Emanuel Andersson, Oliver F. Shyr, Johnson Fu. Does high-speed rail accessibility influence residential property prices? Hedonic estimates from southern Taiwan [J]. Journal of Transport Geography, 2010 (1): 166 – 174.

[104] D Puga. The rise and fall of regional inequalities [J]. European economic review, 1999 (2): 303 – 334.

[105] D Starrett. Market allocations of location choice in a model with free mobility [J]. Journal of Economic Theory, 1978 (1): 21 – 37.

[106] Eric von Hippel. "Sticky Information" and the Locus of Problem Solving: Implications for Innovation [J]. Management Science, 1994 (4): 429 – 439.

[107] Erik Hornung. Railroads and Growth in Prussia [J]. Journal of the European Economic Association, 2015 (4): 699 – 736.

[108] Federico Cavallaro, Francesco Bruzzone, Silvio Nocera. Effects of high-speed rail on regional accessibility [J]. Transportation, 2022 (3): 1685 – 1721.

[109] Francesco Bruzzone, Federico Cavallaro b, Silvio Nocera. The effects of high-speed rail on accessibility and equity: Evidence from the Turin – Lyon case-study [J]. Socio – Economic Planning Sciences, 2023 (2): 1 – 13.

[110] Frédéric Dobruszkes. High – Speed rail and air transport competition in Western Europe: A supply-oriented perspective [J]. Transport Policy, 2011 (6): 870 – 879.

[111] Gilles Duranton, Matthew A. Turner. Urban Growth and Transportation [J]. Review of Economic Studies, 2008 (4): 1407 – 1440.

[112] Givoni Moshe, Banister David. Speed: the less important element of the High – Speed Train [J]. Journal of Transport Geography, 2012 (5): 306 – 307.

[113] Hall Peter. Magic Carpets and Seamless Webs: Opportunities and Constraints for High – Speed Trains in Europe [J]. Built Environment, 2009 (1): 59 – 69.

[114] Haruhiko Kuroda, Masahiro Kawai, Rita Nangia. Infrastructure and Regional Cooperation, [Z]. ADB Institute Discussion Paper, 2007.

[115] Hector Martinez Sanchez – Mateos, Givoni M. The accessibility impact of a new High speed Rail line in the UK – a preliminary analysis of winners and losers [J]. Journal of Transport Geography, 2012 (11): 105 – 114.

[116] Hiroshi Komikado, So Morikawa, Ayushman Bhatt, Hironori Kato. High-speed rail, inter-regional accessibility, and regional innovation: Evidence from Japan [J]. Technological Forecasting & Social Change, 2021 (6): 1 – 9.

[117] Ignacio Barron, Javier Campos, Philippe Gagnepain, Chris Nash, Andreu Ulied, Roger Vickerman. Economic Analysis of High Speed

Rail in Europe [M]. Granada: BBVA Fundition, 2012: 26.

[118] Itow R. Correlations between short-haul air transport and high-speed railroad system in Janpan [Z]. The International Transportation Conference, San Francisco, 1975.

[119] Jasper Willigersa, Bert van Wee. High-speed rail and office location choices. A stated choice experiment for the Netherlands [J]. Journal of Transport Geography, 2011 (4): 745 – 754.

[120] Javier Gutiérrez, Rafael González, Gabriel Gómez. The European high-speed train network: Predicted effects on accessibility patterns [J]. Journal of Trampon Gevgraph, 1996 (4): 227 – 238.

[121] Jing Cao, Xiaoyue Cathy Liu, Yinhai Wang, Qingquan Li. Accessibility impacts of China's high-speed rail network [J]. Journal of Transport Geography, 2013 (4): 12 – 21.

[122] Jingjuan Jiao, Jiaoe Wang, Fengjun Jin, Michael Dunford. Impacts on accessibility of China's present and future HSR network [J]. Journal of Transport Geography, 2014 (10): 123 – 132.

[123] José I. Castillo – Manzano, Rafael Pozo – Barajas, Juan R. Trapero. Measuring the substitution effects between High Speed Rail and air transport in Spain [J]. Journal of Transport Geography, 2015 (2): 59 – 65.

[124] Kamada M. Achievements and future problems of the Shinkansen [C]. Oxford: Pergamon Press, 1980: 41 – 56.

[125] Kenneth J. Arrow, Gerard Debreu. Existence of an Equilibrium for a Competitive Economy [J]. Econometrica, 1954 (3): 265 – 290.

[126] Kenneth J. Arrow, Theodore Harris, Jacob Marschak. Optimal Inventory Policy [J]. Econometrica, 1951 (3): 250 – 272.

[127] Kingsley E. Haynes. Labor Markets and Regional Transportation

Improvements: the Case of High-speed Trains An Introduction and Review [J]. The Annals of Regional Science, 1997 (1): 57 – 76.

[128] Leo Van Den Berg, Peter Pol. The European High – Speed Train and Urban Development: Experiences in Fourteen European Urban Regions [M]. Farnham Surrey: Ashgate Publishing, 1998: 2650.

[129] Luca Antonio Ricci. Economic geography and comparative advantage: Agglomeration versus specialization [J]. European Economic Review, 1999 (2): 357 – 377.

[130] Maddi Garmendiaa, Cecilia Ribalayguab, José María Ureñac. High speed rail: implication for cities [J]. Cities, 2012 (12): S26 – S31.

[131] Marc J. Melitz. The Impact of Trade on Intra – Industry Reallocations and Aggregate Industry Productivity [J]. Econometrica, 2003 (6): 1695 – 1725.

[132] Masahisa Fujita. A monopolistic competition model of spatial agglomeration: Differentiated product approach [J]. Regional Science and Urban Economics, 1988 (1): 87 – 124.

[133] Masahisa Fujita, Paul Krugman, Tomoya Mori. On the evolution of hierarchical urban Systems [J]. European Economic Review, 1999 (2): 209 – 251.

[134] Masahisa Fujita. Spatial Interactions and Agglomeration in Urban Economies, London: Macmillan UK, 1990: 184 – 221.

[135] M. Garmendia. Cecilia Ribalaygua, José María Ureña. High-speed Rail: Implication for Cities [J]. Cities, 2012 (2): S26 – S31.

[136] M. Garmendia, J. M. Ureña, J. M. Coronado. Long-distance Trips in a Sparsely Populated Region: The Impact of High-speed Infrastructures [J]. Journal of Transport Geography, 2011 (4): 537 – 551.

[137] M Givoni. Development and Impact of the Modern High-speed

Train: A Review, Transport reviews [J]. Transport Reviews, 2006 (5): 593 -611.

[138] Ming Yin, Luca Bertolini, Jin Duan. The effects of the high-speed railway on urban development: International experience and potential implications for China [J]. Progress in Planning, 2014: 1 -52.

[139] Monzon Andres, Ortega Emilio, Lopez Elena. Efficiency and spatial equity impacts of high-speed rail extensions in urban areas [J]. Cities, 2013 (2): 18 -30.

[140] Moshe Givoni, Frédéric Dobruszkes. A Review of Ex - Post Evidence for Mode Substitution and Induced Demand Following the Introduction of High - Speed Rail [J]. Transport Reviews, 2013 (6): 720 -742.

[141] Nakamura H, Ueda T. The impacts of the Shinkansen on regional development, Selected Proceedings of The Fifth World Conference on Transport Research, 1989: 95 - 107.

[142] Nicole Adler, Eric Pels, Chris Nash. High-speed rail and air transport competition: Game engineering as tool for cost-benefit analysis [J]. Transportation Research Part B: Methodological, 2010 (7): 812 -833.

[143] Okabe S. Impact of the Sanyo Shinkansen on Local Communities [C]. Oxford: Pergamon, 1980: 105 - 129.

[144] Ortega Emilio, Lopez Elena, Monzon Andres. Territorial cohesion impacts of high-speed rail at different planning levels [J]. Journal of Transport Geography, 2012 (9): 130 - 141.

[145] Paul Krugman. History Versus Expectations [J]. The Quarterly Journal of Economics, 1991 (2): 651 -667.

[146] Paul Krugman. Increasing Returns and Economic Geography [J]. The Journal of Political Economy, 1991 (3): 483 -499.

[147] Paul M. Romer. Increasing Returns and Long - Run Growth [J].

Journal of Political Economy, 1986 (5): 1002 – 1037.

[148] P. Krugman. What's new about the new economic geography? [J]. Oxford review of economic policy, 1998 (2): 7 – 17.

[149] Preston John. High Speed Rail in Britain: about time or a waste of time? [J]. Journal of Transport Geography, 2012 (5): 308 – 311.

[150] P. Rietveld, F. R. Bruinsma, H. T. van Delft, B. Ubbels. Economic impacts of high speed trains: Experiences in Japan and France: expectations in the Netherlands [Z]. Working paper, 2001.

[151] Qiaowei Shen, Ping Xiao. McDonald's and KFC in China: Competitors or Companions? [J]. Marketing Science, 2014 (2): 287 – 307.

[152] Regina R. Clewlowa, Joseph M. Sussman, Hamsa Balakrishnan. The impact of high-speed rail and low-cost carriers on European air passenger traffic [J]. Transport Policy, 2014 (5): 136 – 143.

[153] R. H. Coase. The Nature of the Firm [J]. Economica, 1937 (16): 386 – 405.

[154] Roger Vickerman. High-speed Rail and Regional Development: the Case of Intermediate Stations [J]. Journal of Transport Geography, 2015 (1): 157 – 165.

[155] Roger Vickerman. High-speed rail in Europe: experience and issues for future development [J]. The annals of regional science, 1997 (1): 21 – 38.

[156] Roger Vickerman. Location accessibility and regional development: the appraisal of trans – European networks [J]. Transport Policy, 1995 (4): 225 – 234.

[157] Satya Paul, Balbir S. Sahni, Bagala P. Biswal. Public Infrastructure and the Productive Performance of Canadian Manufacturing Industries [J]. Southern Economic Journal, 2004 (4): 998 – 1011.

[158] Shih – Lung Shaw, Zhixiang Fang, Shiwei Lu, Ran Tao. Impacts of high speed rail on railroad network accessibility in China [J]. Journal of Transport Geography, 2014 (10): 112 – 122.

[159] Siqi Zheng, Matthew E. Kahn. China's bullet trains facilitate market integration and mitigate the cost of megacity growth [J]. Proceedings of the National Academy of Sciences, 2013 (14): E1248 – E1253.

[160] Sophie Masson, Romain Petiot. Can the high speed rail reinforce tourism attractiveness? The case of the high speed rail between Perpignan (France) and Barcelona (Spain) [J]. Technovation, 2009 (9): 611 – 617.

[161] Tierney Sean. High-speed rail, the knowledge economy and the next growth wave [J]. Journal of Transport Geography, 2012 (5): 285 – 287.

[162] T Tabuchi. Urban agglomeration and dispersion: a synthesis of Alonso and Krugman [J]. Journal of urban economics, 1998 (3): 333 – 351.

[163] U. BlumK, E. Haynes, C. Karlsson. Introduction to the special issue the regional and urban effects of high-speed trains [J]. The Annals of Regional Science, 1997 (1): 1 – 20.

[164] Walter G. Hansen. How Accessibility Shapes Land Use [J]. Journal of the American Institute of Planners, 1959 (2): 73 – 76.

[165] Wang Jiaoe, Jiao Jingjuan, Du Chao, Hu Hao. Competition of spatial service hinterlands between high-speed rail and air transport in China [J]. Journal of Geographical Sciences, 2015 (9): 1137 – 1152.

[166] Xiaokai Yang. Development, structural changes and urbanization [J]. Journal of Development Economics, 1991 (1 – 2): 199 – 222.

[167] Xiaowen Fu, Anming Zhang, Zheng Lei. Will China's airline

industry survive the entry of high-speed rail? [J]. Research in Transportation Economics, 2012 (1): 13 –25.

[168] Xuehui Yang, Huirong Zhang, Shanlang Lin, Jiaping Zhang, Jianlong Zeng. Does high-speed railway promote regional innovation growth or innovation convergence? [J]. Technology in Society, 2021 (2): 1 – 13.

[169] Yang X. A microeconomic approach to modeling the division of labor based on increasing returns to specialization [D]. Princeton: Princeton University, 1988.

[170] Yu – Hsin Tsai, Jhong – yun Guan, Yi – hsin Chung. Multilevel spatial impact analysis of high-speed rail and station placement: A short-term empirical study of the Taiwan HSR [J]. The Journal of Transport and Land Use, 2020 (1): 317 –341.

[171] Zhenhua Chen. Impacts of high-speed rail on domestic air transportation in China [J]. Journal of Transport Geography, 2017 (4): 184 – 196.

[172] Zhenhua Chen, Kingsley E. Haynes. Public surface transportation and regional output: A spatial panel approach [J]. Papers in Regional Science, 2013 (4): 727 –751.